…場発!

0〜5歳児

ちょこっとあそび・じっくりあそびがいっぱい!

遊びっくり箱

発達がわかる
遊びのツボ
付き!

監修・編著/片山喜章
著/徳畑 等・東 洋一郎・小倉和人・藤本裕美
実践/遊びっくり箱プロジェクトチーム

LIVE感満載!

現場で本当に盛り上がった遊びだけ!!

ひかりのくに

はじめに

お願いしたいこと

本書で紹介する『遊び』は、《本来の遊び》ではないと思います。保育者主導の一斉活動です。この一斉活動のなかで、子どもたちが愉《たの》しんで、考えて、とまどったり、葛藤したりする姿が引き出せるなら、子どもの側からすれば《本来の遊び》と同じように、わくわくしたひとときを過ごすことになります。それは大事なことですから本書で紹介する活動も『遊び』と表現することにしました。

本書は、月単位で『遊び』を紹介していますが、それにとらわれず、目の前の子どもの姿から、どの月のどの『遊び』を選んでいただいてもかまいません。そして“お願い”です。ひとつの『遊び』を繰り返してください。

繰り返すことが“学びの条件”です。

特に2・3歳児に言えますが、毎日まいにち、たった5分でいいですから、同じ『遊び』を繰り返してください。「①よくわからなくてぼんやりした姿」→「②よくわからないけれど何となくやっている」→「③友達とすることが楽しくなりだす」→「④友達とやってみたい。できるから」とひとつの遊びを会得し、主体性を発揮してみんなで愉しむまでには時間も期間も要します。コロコロとネタを変えていては結局なんにも育ちません。①のようによくわからなくて、ぼんやりしている姿があったとしても、それは目には見えない学びの萌芽です。同じ活動を同じパターンで繰り返して、④の段階まで進んでいく過程を、“学び”ととらえます。

4・5歳児の場合は、指示の言葉は控えめにして、よくわからないまま繰り返しながら、友達同士が影響し合ってだんだん理解に至る過程が“学び”です。

0・1歳児は、好奇心や探究心を刺激し満たす環境が第一ですが、保育者と1:1のふれあいをほかの子どもが見ること。見ることの繰り返しが“学び”の基本です。やがて子ども同士でふれあうきっかけになるだろうと思います。

そして何より、繰り返すことで子どもの“学びの過程”を目にするあなた自身の学びが豊かになることを期待しています。

片山喜章

本書の特長と見方

※本書は、月刊『保育とカリキュラム』2012年4月号～2013年3月号までの連載「現場発！０～５歳児遊びっくり箱＋（プラス）」をまとめて単行本化したものです。

★0～5歳児の遊びが12か月分！

4・5歳児　2・3歳児　1歳児　0歳児

年齢の表記はおおよその目安です。子どもの成長・発達によってお選びください。

★ちょこっと＆じっくりあそび

ちょっとした時間にすぐできる
ちょこっとあそび

じっくりと取り組める
じっくりあそび

＊1歳児・0歳児はひとつの遊びに取り組める時間が比較的短いため、「おまかせ！なんでもあそび」として紹介しています。

★その月・その年齢に合った遊びを厳選！

★発達がわかる！

遊びを行なううえで大切なポイントを、子どもの発達に沿って解説しています。

★すべて現場で実践済み！

すべての遊びを、実際に子どもたちと遊んでみて、より楽しめるものに練り上げられた遊びしか載せていません！現場の写真や、実践者のコメントも参考にしてください。

さらに！

☆遊んでみた保育者が実践を振り返る
「保育者の学びの目と芽」

☆監修・片山喜章によるちょこっと解説
「遊びのこと子どものこと」

も、12か月分掲載！

もくじ

CONTENTS

●はじめに…2
●本書の特長と見方…3

4月の箱

4・5歳児／2・3歳児

ちょこっとあそび

4・5歳児
●トントン、上? 下? … 8
●ふたりでひげじいさん … 9

2・3歳児
●レスキューごっこ … 12
●宝物どっちかな? … 13

じっくりあそび

4・5歳児
●エンドレス『だるまさんがころんだ』… 10
●変身ジャンケン宝取り … 11

2・3歳児
●イスに座って向かい合って … 14
●ボールをあっちからこっちへ … 15

1歳児 おまかせ! なんでもあそび
●パックンゴリラくん … 16
●ペンペンギター … 16
●入れて入れて~ … 17
●型はめBOX … 17

0歳児 おまかせ! なんでもあそび
●むにゅむにゅこれな~に? … 18
●ゆらゆら キャッチ … 18
●ぐるぐる ハイハイ … 19
●たっちして タッチ … 19

解説
●今月のふりかえり 保育者の学びの目と芽 …… 20
●ちょこっと解説 遊びのこと子どものこと … 21

5月の箱

4・5歳児／2・3歳児

ちょこっとあそび

4・5歳児
●ふたりでフープにジャンプイン! ゴールイン! … 22
●フープでぐるぐるUFO … 23

2・3歳児
●フープ de いろいろアクション … 26
●待て待てコロコロフープさん … 27

じっくりあそび

4・5歳児
●イチゴ&バナナ … 24
●フープからフープへ引っ越し競走 … 25

2・3歳児
●わたしのおうちにお引っ越し … 28
●フープ電車で迎えに行くよ … 29

1歳児 おまかせ! なんでもあそび
●魚が ぴょん! … 30
●どこにある? … 30
●アメ玉ど~こだ? … 31
●マットで遊ぼう … 31

0歳児 おまかせ! なんでもあそび
●お花が にこ~! … 32
●ウサギにタッチ … 32
●いない いない ばぁ~ … 33
●マットで遊ぼう … 33

解説
●今月のふりかえり 保育者の学びの目と芽 …… 34
●ちょこっと解説 遊びのこと子どものこと … 35

6月の箱

4・5歳児／2・3歳児

ちょこっとあそび

4・5歳児
●忍者トレーニング … 36
●ジャンケン ハイ&ロー … 37

2・3歳児
●みんなで「ずっこけた!」 … 40
●まるくなれ、輪になれ … 41

じっくりあそび

4・5歳児
●ミニミニロンドン橋 … 38
●室内宝取りゲーム … 39

2・3歳児
●ちびっこブルドーザー … 42
●バタバタでニコニコ … 43

1歳児 おまかせ! なんでもあそび
●どん・どん・どん … 44
●届くかな? … 44
●お山サーキット … 45
●マットで遊ぼう ~デコボコ編~ … 45

0歳児 おまかせ! なんでもあそび
●あめ あめ ぱっちん … 46
●にぎにぎ ぎゅ~ … 46
●いない いない ばぁ~② … 47
●マットで遊ぼう ~鈴にタッチ編~ … 47

解説
●今月のふりかえり 保育者の学びの目と芽 …… 48
●ちょこっと解説 遊びのこと子どものこと … 49

7月の箱　プール遊びたっぷり!
8月の箱　異年齢で遊ぼう!
9月の箱

異年齢児(2～5歳児)　夏期休暇などで異年齢児保育が多くなる8月は、異年齢で楽しめる遊びを紹介します。

		7月の箱 4・5歳児	7月の箱 2・3歳児	8月の箱 異年齢児(2～5歳児)	9月の箱 4・5歳児	9月の箱 2・3歳児
4・5歳児／2・3歳児	ちょこっとあそび	●ザブーンで波をつくろう …… 50 ●エンドレストンネルくぐり …… 51	●ホース de あちこちシャワー …… 54 ●ジェットホース …… 55	●いろいろ交替遊び …… 64 ●イモムシリレー …… 65 ●グーパーどっち!? …… 66 ●フープで競争 …… 67	●連続なべなべ …… 78 ●ふたりジャンプ交替 …… 79	●こっちからあっちへ …… 82 ●よーい、ぶらぶら～ドン! …… 83
	じっくりあそび	●タコタイダイブ …… 52 ●プールでメチャビー …… 53	●フープでプールタクシー …… 56 ●集めて集めて上からジャー …… 57	●玉入れハイどうぞ …… 68 ●水上レスキュー …… 69 ●ジャンケン玉取り …… 70 ●フルーツジュース引っ越し …… 71	●リズムに合わせてつながり遊び …… 80 ●前に進んで後ろに引っ張られて …… 81	●GO&STOPで好きなおうちへお引っ越し …… 84 ●マーチで交替行ったり来たり …… 85
1歳児	おまかせ!なんでもあそび	●不思議なコップ …… 58 ●コブタヌキツネコで水慣れ手遊び …… 58 ●タオル ぺったん …… 59 ●洗濯ジャブジャブ …… 59		●タオル de シーソー …… 72 ●リンゴがごろごろ …… 72 ●ごしごしタオル …… 73 ●マットずりずり～っ! …… 73	●トントングるぐる …… 86 ●ふりふりシャカシャカ! …… 86 ●自分でチョイス! 運んでビューン! …… 87 ●マットでゴーゴー! …… 87	
0歳児	おまかせ!なんでもあそび	●ぐにゃぐにゃペンペン …… 60 ●だるまさんのぷ～! …… 60 ●ギュ～で ポタポタ …… 61 ●ボコボコッ! …… 61		●かわいくCHU♥ …… 74 ●ふわふわ ふんわり …… 74 ●エプロンでドッカ～ン …… 75 ●風船ペンペン …… 75	●あっち こっち ポ～ン …… 88 ●Let's ダンス …… 88 ●ワニさん ばあ …… 89 ●カーテンタッチ …… 89	
解説		●今月のふりかえり 保育者の学びの目と芽 …… 62 ●ちょこっと解説 遊びのこと子どものこと … 63		●今月のふりかえり 保育者の学びの目と芽 …… 76 ●ちょこっと解説 遊びのこと子どものこと … 77	●今月のふりかえり 保育者の学びの目と芽 …… 90 ●ちょこっと解説 遊びのこと子どものこと … 91	

もくじ

CONTENTS

10月の箱

	4・5歳児	2・3歳児
ちょこっとあそび	●ロケット玉……92 ●おちゃらかゲット……93	●ひげストップ!……96 ●新聞紙ボールいろいろバリエーション……97
じっくりあそび	●ぐるぐるバトン……94 ●3人プチドッジボール……95	●交替ニコニコ電車……98 ●みんなでかごめ……99

1歳児 おまかせ! なんでもあそび
●あっちこっち玉入れ……100
●のねずみダンス……100
●う〜んっとストレッチ……101
●ばぁばぁばぁで散歩道……101

0歳児 おまかせ! なんでもあそび
●ころころパー……102
●穴からこんにちは……102
●はい、どうぞ……103
●ハイハイ坂道……103

解説
●今月のふりかえり
保育者の学びの目と芽……104
●ちょこっと解説
遊びのこと子どものこと…105

11月の箱

	4・5歳児	2・3歳児
ちょこっとあそび	●トントンイエーイを3人で……106 ●グループでドン・ジャンケン宝取り……107	●みんなでどんぐりころころ……110 ●タッチタッチタッチ……111
じっくりあそび	●チーム対抗宝探しゲーム……108 ●グループボール集め…109	●イスの周りをグルグルストップ……112 ●グループ引っ越し競走…113

1歳児 おまかせ! なんでもあそび
●フープをくぐって……114
●「なべそこ」でゆらゆら…114
●マツボックリが お・ち・た!……115
●一本橋でGO!!……115

0歳児 おまかせ! なんでもあそび
●新聞紙で遊ぼう……116
●どこから、ポロン?……116
●こっちよ〜!……117
●トンネルごっこ……117

解説
●今月のふりかえり
保育者の学びの目と芽……118
●ちょこっと解説
遊びのこと子どものこと…119

12月の箱

	4・5歳児	2・3歳児
ちょこっとあそび	●天狗の鼻DE対決……120 ●バトン鬼……121	●ひげじいさんで鬼ごっこ……124 ●オオカミさん、やってくる!?……125
じっくりあそび	●グルグルドッカーン鬼ごっこ……122 ●グループでゴー……123	●こちょこちょマン……126 ●ネズミごっこ……127

1歳児 おまかせ! なんでもあそび
●風船キャッチ……128
●大きなクリで ゴロン!…128
●いろいろなところでタッチ!……129
●マットでばた〜ん!……129

0歳児 おまかせ! なんでもあそび
●どっちかな?……130
●チリンでPAN!……130
●バッグでお散歩……131
●よっこいしょ!……131

解説
●今月のふりかえり
保育者の学びの目と芽……132
●ちょこっと解説
遊びのこと子どものこと…133

1月の箱

4・5歳児／2・3歳児

ちょこっとあそび

4・5歳児
- ゴロゴロレスキュー …… 134
- つながりおしくらまんじゅう …… 135

2・3歳児
- 待て待て！ ボール！ …… 138
- ロープでおイモ引っ張り …… 139

じっくりあそび

4・5歳児
- つながりダイコン抜き …… 136
- チーム対抗ジャンケン宝集め …… 137

2・3歳児
- ワニさんだ、逃げろ～！ …… 140
- ドキドキ宝取り …… 141

1歳児 おまかせ！ なんでもあそび
- 羽根突きピョ～ン …… 142
- 体でむすんでひらいて …… 142
- てくてくコチョコチョ …… 143
- フープでおふねごっこ …… 143

0歳児 おまかせ！ なんでもあそび
- ポンポン羽根突き …… 144
- 雪やドンドン♪ …… 144
- つるりとすべって!? …… 145
- 押し箱でGO！ …… 145

解説
- 今月のふりかえり 保育者の学びの目と芽 ……146
- ちょこっと解説 遊びのこと子どものこと …147

2月の箱

ちょこっとあそび

4・5歳児
- タッチ鬼 …… 148
- たこ焼き返し …… 149

2・3歳児
- ジャンケンダンス …… 152
- トンネルさんとくぐる人 …… 153

じっくりあそび

4・5歳児
- 玉取りリレー …… 150
- タッチラグビー …… 151

2・3歳児
- ストップでみんな○《マル》 …… 154
- ふたりでよけて、鬼ごっこ …… 155

1歳児 おまかせ！ なんでもあそび
- お手玉ポ～ンポン …… 156
- たまご？ たまご！ …… 156
- でかイモ こイモでゴロゴロ …… 157
- 玉入れごっこ …… 157

0歳児 おまかせ！ なんでもあそび
- ボールがコロコロ …… 158
- ひげじいさんで、こんにちは …… 158
- ふたりでいっしょに♪ …… 159
- GOGOGO！ 山登り …… 159

解説
- 今月のふりかえり 保育者の学びの目と芽 ……160
- ちょこっと解説 遊びのこと子どものこと …161

3月の箱

卒園児と遊ぼう！

ちょこっとあそび

4・5歳児
- サポート付き「エイヤー！」 …… 162
- 4人でトントングー・パー …… 163

2・3歳児
- GO&STOPウマ乗り …… 166
- 赤白上げて、はいどうぞ …… 167

じっくりあそび

4・5歳児
- タンデム競走 …… 164
- ふたりで手つなぎフープ鬼 …… 165

2・3歳児
- ちびっこレスキュー …… 168
- 宝物見ーつけた！ …… 169

1歳児 おまかせ！ なんでもあそび
- 出る出るトンネル …… 170
- 先生とグーグーグー …… 170
- みんなだるまさん …… 171
- 卒園児サーキット …… 171

0歳児 おまかせ！ なんでもあそび
- 大きなぽっとん落とし …… 172
- おいしく焼けるかな？ …… 172
- トンネルくぐろう …… 173
- 空飛ぶじゅうたん …… 173

解説
- 今月のふりかえり 保育者の学びの目と芽 ……174
- ちょこっと解説 遊びのこと子どものこと …175

4月の箱

4・5歳児	ちょこっとあそび	P.8
	じっくりあそび	P.10
2・3歳児	ちょこっとあそび	P.12
	じっくりあそび	P.14
1歳児	おまかせ！なんでもあそび	P.16
0歳児	おまかせ！なんでもあそび	P.18
ふりかえり	実際に遊んでわかった！保育者の学びの目と芽	P.20
ちょこっと解説	遊びのこと子どものこと	P.21

ちょこっとあそび

4・5歳児

トントン、上？下？

何度も繰り返すと息が合ってくる!?

1

ふたり組になって向き合って座り、「トントン（両手を胸の前で2回たたく）、上（または下）！」で両手のひとさし指で上か下を指します。

2

上か下かが同じになれば、「トントン、イエーイ」で両手でハイタッチ。違う場合は、「トントン、エーン」（泣きまね）。どちらの場合も「トントン～」を繰り返します。

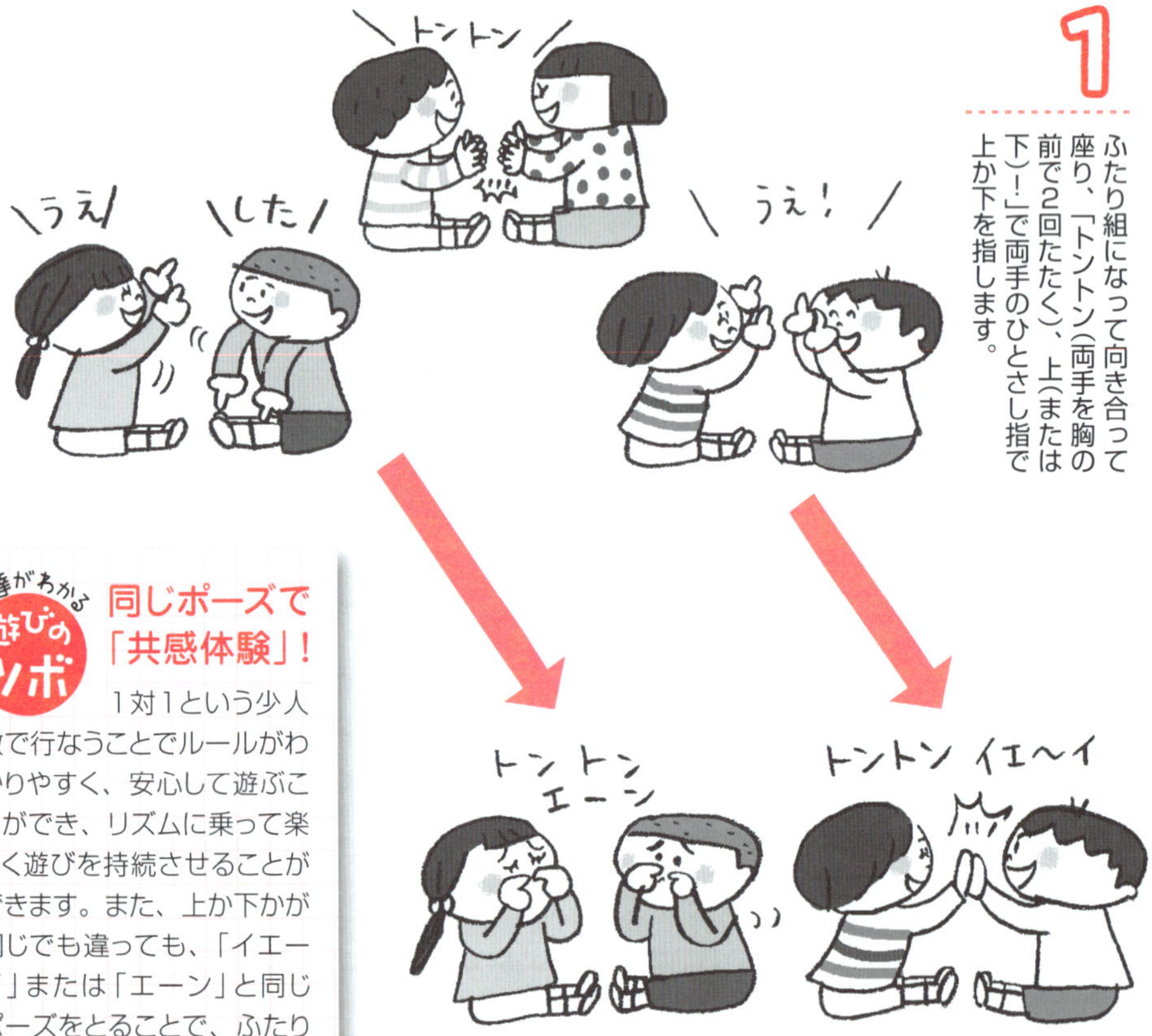

エンドレスで繰り返す。

発達がわかる 遊びのツボ

同じポーズで「共感体験」！

1対1という少人数で行なうことでルールがわかりやすく、安心して遊ぶことができ、リズムに乗って楽しく遊びを持続させることができます。また、上か下かが同じでも違っても、「イエーイ」または「エーン」と同じポーズをとることで、ふたりで思いを共有し、心を通じ合わせることができるのです。

実際に遊んでみました！ 現場からのコメント

簡単なルールなのですぐに楽しめました。一斉にすると、声がそろって心地良いリズムになり、ふたり組それぞれにリズムの取り方やテンポが出てきておもしろくなりました。

5歳児同士は1回の見本で理解し、リズムに合わせてテンポよくできましたが、4歳児同士では最初はどうしてもワンテンポ遅れてしまっていました。その後、4歳児と5歳児で組ませると、しぜんに5歳児がリードして、リズムがだんだん合ってくる姿が見られました。

詳しくは20ページへ！

\イエーイ/

\うえ/

歌あそび

ふたりでひげじいさん

"ビヨーン"を出す楽しみ、出るまでの楽しみ

1

ひげじいさんの手遊びをみんなで1回します。その後「てんぐさん　ビヨーン」と言ったら、おしりスリスリで逃げるルールを伝えます。

2

ふたり組になり、どちらかが鬼になります。みんなでいっしょに歌いながら手遊びし、「てんぐさん　ビヨーン」のときに鬼がおしりスリスリで追いかけ、もうひとりの子どもが逃げます（10秒数えてストップ。鬼を交替して繰り返す）。

発達がわかる 遊びのツボ

「安心感」の中の「ドキドキ感」がたまらない！

「てんぐさん」の後に「ビヨーン」がくることがあらかじめわかっているので、安心した気持ちの中で「ドキドキ感」「ゾクゾク感」が味わえます。期待と不安でいっぱいの4月は、「どこでくるのかわからない」ような不意打ちの遊びよりも、流れが固定されている遊びで安心感を与えてあげることが大切です。

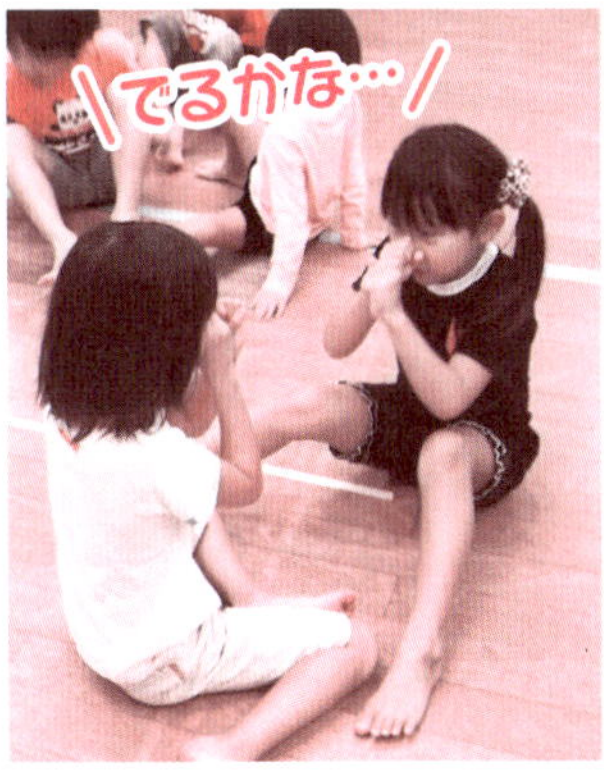

バリエーション

「めがねさん」でビヨーンに

「次はめがねさんビヨーンで逃げよう」と決めて、チャレンジ。

実際に遊んでみました！

現場からのコメント

みんなで声を合わせて歌い、ビヨーンを出してスタート、10秒数えてストップというように、みんなが同じタイミングでスタート、ストップすることで子どもたちも見通しを持つことができ、全体のエネルギー（一体感）が保たれていたように思います。

『とんとんとんとんひげじいさん』　作詞／不詳　作曲／玉山英光

じっくりあそび 4・5歳児

何回タッチできるかな?

エンドレス『だるまさんがころんだ』

準備物 *
カラー標識（4～5本）

全員スタートラインに立ち、保育者の「だーるまさんがこーろん…」の合図で前進し、「だ!」でその場で止まり、カラー標識を目ざします。カラー標識にタッチできたらもう一度スタートラインに戻り、繰り返します。一定の時間で終了し、何回タッチできたか聞いてみましょう。

バリエーション

ふたり組で

ふたりで手をつないで行ないます。

発達がわかる 遊びのツボ

自分の体をコントロールして遊び込む

4歳ごろから脳の抑制機能が発達し、自分の体をコントロールすることが楽しさのひとつになります。ゴールしても、また1から始められるエンドレスのルールで、いつまでも遊び込むことができます。

実際に遊んでみました! 現場からのコメント

- 室内など狭い場所で行なう際は、おしりスリスリにすることで、安全にでき、短い時間でも運動量を十分に確保することができました。
- 広い園庭でする場合は、「だるまさんがころんだ」をゆっくり言うことで、たくさん走れると同時に、2～3回でカラー標識にたどり着くことができていました。
- 「カラー標識にたくさんタッチできる」という成功体験の多さが楽しさとなり、意欲につながっているように感じたので、スタートからカラー標識までの「距離」、「だるまさんがころんだを言うテンポ」をその場の環境に合わせて設定することがポイントになると思いました。

段階を踏んで楽しもう！

変身ジャンケン宝取り

準備物＊宝物（玉入れの玉）

1

まずは導入として、ふたりずつでジャンケンをして、3回勝ったら宝物を1個ゲットというルールで遊びます。

はい、宝物！
にゲット!!
やった〜3かい！
ジャンケンポン!!

2

次はアヒルさん（しゃがんでつま先だけで歩く）同士でジャンケンし、勝ったらウサギ→宝物ゲットへと進みます。

かったー！
勝ったらウサギ（両手を頭に添えてピョンピョン）
ウサギ同士でジャンケン
ウサギで勝ったら宝物ゲット
負けたらアヒルのまま。ほかのアヒルを探してジャンケンしに行く
負けたらウサギのまま。ほかのウサギを探してジャンケンしに行く

3

2のルールに慣れてきたら、次はふたりで電車になり、2と同じルールで遊びます。

ジャンケンに負けたら先頭を交代。

実際に遊んでみました！ 現場からのコメント

まずは、3回勝ったら宝物ゲットという導入から始め、その後ふたり組にして、変身する形は2段階にしました（アヒル→ウサギ→宝物ゲット）。

負けてもそのままで「宝物ゲット率を高くする」ことで全体が活性化したように思います。

ふたりで電車の形になったときは、先頭の子ども同士がジャンケンしているようすを、後ろの子どもはのぞき込むように真剣に見ていました。

発達がわかる遊びのツボ　ふたりで「成長」！

変身願望や成長欲求にこたえる遊びです。負けても戻らなくてよい（ペナルティーがない）ルールが意欲を高めます。また、ふたり組で共に「成長」する過程を踏むことで、仲間意識をはぐくむ一助になります。

ちょこっとあそび 2・3歳児

引っ張られる感覚がおもしろい
レスキューごっこ

子どもたちはあおむけで寝て、保育者がひとりずつ両足を持って引っ張ります。端まで引っ張れたら「よかったね！」と言ってハグし、全員引っ張ったら終了。

よかったね!
ぎゅ
引っ張ってもらった子どもは座って待つ。

＼いくよー／

実際に遊んでみました！ 現場からのコメント

まだ園生活に慣れておらず、保育者との関係性が築けていないと、引っ張られるという動作に不安を感じる子どももいると思います。必ずしも引っ張る遊びにしなければいけないことはありません。不安がっている子どもには「手をつないでいく？」「だっこしようか？」などと聞いてみて、子どもが安心してできるような配慮が必要であると感じました。

引っ張る距離は短め（5～7m）で、何度も繰り返すほうが楽しめました。

発達がわかる 遊びのツボ 保育者への親近感や安心感

4月当初、特に新入園児たちは不安を抱いている子どもが多く見られます。保育者とほかの仲間が楽しそうにやりとりしているようすを見ることで、保育者に対する親近感や安心感を抱くことができます。保育者は楽しそうにやりとりしている姿をほかの子どもたちに見られていることを意識することが大切です。

宝物どっちかな？

どっちにあるかな？ 当たるとうれしいね

準備物 ＊ **宝物**（片手で握れるくらいの大きさの物）

1

子どもたちは座り、保育者は手に宝物を持ち、子どもに見えるように左右の手で持ち替えながら「♪宝物、どっちかな？」と節をつけて歌います。最後にどちらかの手で宝物を握ります（子どもから見てわかる程度に）。

2

「こっちと思う人？」と片方ずつ手を上げて聞き、子どもにどっちの手に宝物が入っているか当ててもらいます。

3

「こ、こ、こ…こっちでした！」と言って宝物を見せ、「当たった人？」と聞き、手を上げている子どもの名前をひとり呼んで、宝物を渡します。何回か繰り返します。

発達がわかる 遊びのツボ
同じ反応を楽しむ経験

みんなでいっしょに声を出したり、指をさしたり、同じ反応を楽しんだりと、「みんないっしょ」を経験します。同じことをさせることが目的ではなく、同じ反応を楽しむ経験が大切です。

バリエーション 1対1で

子どもと1対1で行ない、当たったら宝物を渡します。「じゃあ、次は○○くん」と、ひとりずつやりとりします。

実際に遊んでみました！

現場からのコメント

見えないように隠すのではなく、子どもから見てわかるようにすることで「当てる」経験ができ、みんなが楽しめていました。「あえて見える」ようにすることがポイントです。

宝物をもらえたら、「やったー!」と喜んでいました。次の遊びのときに「またしよう!」と子どものほうから言ってきました。

★詳しくは20ページへ！

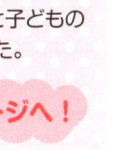

じっくりあそび

2・3歳児

イスに座って向かい合って

いろいろな友達と向かい合わせ、隣り合わせ

準備物 ＊ **イス**（ひとり1脚）
・イスを向かい合わせにして並べる。

1
ピアノの音に合わせてイスの列の外側を歩きます。保育者のストップの合図で好きなイスに座ります。

2
前に座っている子と「あくしゅ　あくしゅ　あくしゅでバイバイバイ」をしたら、また歩き出して繰り返します。

＼あーくしゅ あくしゅ／

実際に遊んでみました! 現場からのコメント

向かい合わせで座ると、前に座っている友達との距離が近づき、間近で顔が見えるのが、少し恥ずかしそうでしたが、うれしそうでした。

イスの周りをグルグルたくさんまわるのが楽しそうでした。ストップで座るときも、近い所から順番に座っていくので、ぶつかったりというトラブルもなく楽しめていました。

発達がわかる 遊びのツボ　顔を合わせる楽しさ

イスの周りを歩く、ストップでイスに座る、というめりはりのある動きを繰り返すだけでも十分に楽しめる遊びです。座ったときに前や隣の子どもとの距離がぐっと近づくことで、友達との関係性を深めていくきっかけにもなります。

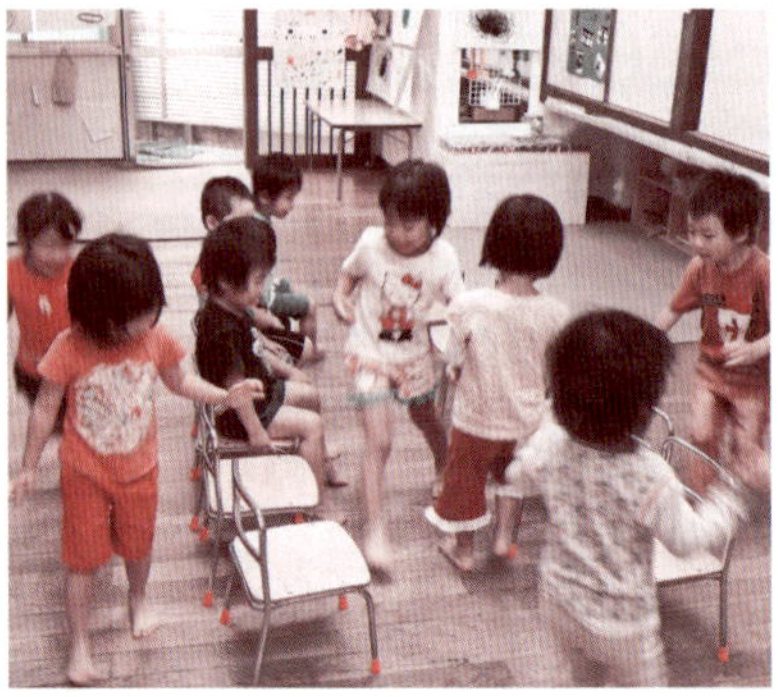

ボールをあっちからこっちへ

同じ色のカゴに入れよう

「よーい、ドン」で子どもたちはボールを取りに行き、同じ色のカゴに入れていきます。全部なくなるまで行ったり来たりを繰り返します。

準備物＊
カラーボール（なければ玉入れの玉）、**カゴ、シートまたはマット**（数枚）
・カゴは色がわかるようにして置く。
・カラーボールをシートまたはマットにバラバラに置く。

実際に遊んでみました！ 現場からのコメント

色分けが楽しいと感じる子どもと、単にボールを取ってカゴに入れるだけでも楽しい子どもと、楽しみ方に差が見られました。

青色ばかり、赤色ばかりというように、自分のこだわりを持つ子どももいれば、そうでない子どもも見られました。

2歳児では、色の判断が難しい場合もあるので、すべて同じ色のボールにしたり、どの色のボールをどのカゴに入れてもよいことにしたりと、ルールを工夫しました。

発達がわかる 遊びのツボ 保育者との信頼関係

特に自我や自己主張が強く見られる子どもたちの、こだわりの有無や、その子の好みがわかります。子どもたちにとっては、それを保育者にわかってもらうことで、保育者との信頼関係を築くきっかけにもなります。

おまかせ！ なんでもあそび 1歳児

歌あそび みんなも食べる？ パックンゴリラくん

準備物＊ハンカチ

ハンカチで食べ物（バナナ・レモン・タマネギ）を作り、『くいしんぼゴリラのうた』をうたいながら「かわむいて～」のところで皮をむくまねをします。最後の「おーうまい」は「あーおいしい」に変えてもOK！

かわむいて～

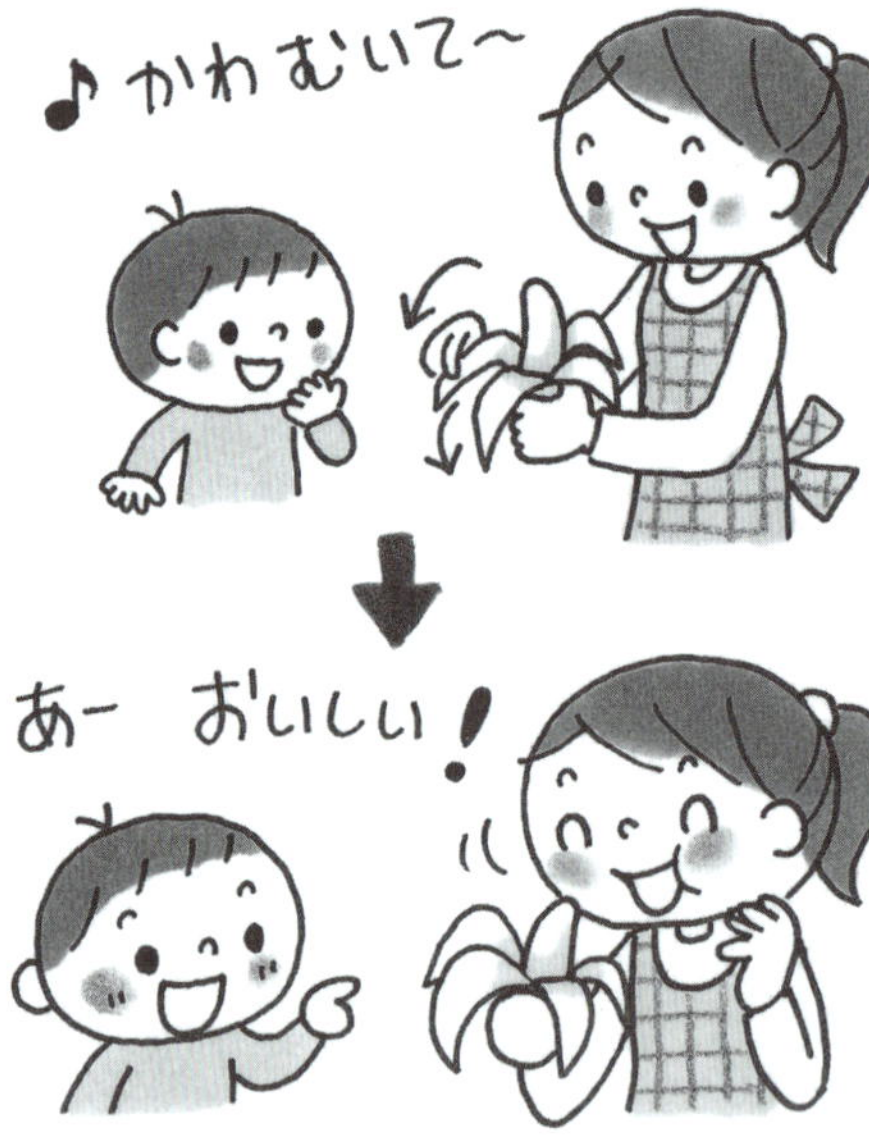
♪かわむいて～
あー おいしい！

発達がわかる遊びのツボ　イメージの共有

子どもたちは歌遊びや手遊びが大好きです。保育者とのかけ合いの中で同じもの（今回は食べ物）のイメージを共有しながら遊びます。イメージが共有できていくと、見たて遊びが広がります。

『くいしんぼゴリラのうた』　作詞／阿部直美　作曲／おざわたつゆき

F
C
くいしんぼ な ゴリラが バナナを みつけた かわむいて かわむいて
C7
F
C
C7
F
パックン と たべた ドンドコドンドン ドンドコドンドン おー うまい

実際に遊んでみました！ 現場からのコメント

「おいしい」や「すっぱい」などの顔がおもしろいようで、繰り返すごとに楽しさが増してくるようです。楽しいことは何度も「もう1回」とおねだりしてきました。

どんな音がするかな？ ペンペンギター

準備物＊
箱（ティッシュペーパーの空き箱など）、**輪ゴム**
・箱のサイドに切り込みを入れて、輪ゴムを引っ掛け、ギターの弦のようにする（輪ゴムは外れないように、テープで補強しておく）。

「ペンペンギター」を子どもの前に置き、保育者は指でゴムをはじいてお手本を見せます。子どもの反応を見つつ、歌をうたいながらはじいて、楽しみましょう。

ペンペン
なるよ

実際に遊んでみました！ 現場からのコメント

初めはものすごく不思議そうな顔をして見ていましたが、興味がわいてくると、触ってくる子が出てきました。いっしょにやってみるとうれしそうな顔をしていました。

発達がわかる遊びのツボ　指先の微細運動

輪ゴムをはじくときは、かなりしっかりと指先を使います。つまんで離したり、1本指ではじいたりと、楽しみながら微細運動ができます。

ペンペン

入れて入れて～

じょうずにおかたづけできるかな？

準備物＊ボールやぬいぐるみなどの玩具、箱

玩具をバラバラに広げます。保育者は「この箱の中に、入れられるかな？」と言いながら、ひとつを入れて見本を見せます。子どもがどんどん入れていき、全部なくなったら「すごいね！」と褒めましょう。

「もう1回しようか」と言って、同じように繰り返す。

発達がわかる 遊びのツボ かたづける力

子どもたちは散らかすのは大好きですが、かたづけるのは苦手…。でも、遊びの中にかたづけの要素を入れることで、物を「かたづけようとする力」がつきます。

実際に遊んでみました！ 現場からのコメント

箱に入れることが楽しいようで、何度も運ぶ姿が見られました。人数が少ない場合は箱がひとつでも問題ありませんが、多いようなら数か所に置くと、とっさの衝突が防げると思いました。

型はめＢＯＸ

うまく入ると楽しいね

準備物＊プラスチック板のコイン（プラスチック板を丸く切り、布をはったもの）、ふた付きのプラスチック容器（コインが入る大きさの穴をあけておく）

コインをつかみ、貯金箱の要領で容器の中にポトンと落としていきます。縦にするとじょうずに入ることがわかると、何度も入れて楽しみます。市販の型はめＢＯＸを使うと、いろいろな形を経験できるでしょう。

実際に遊んでみました！ 現場からのコメント

保育者がそばにいなくても、子どもは自分のペースで集中して行ない、繰り返し楽しんでいました。どの箇所に合うのかとひとつひとつ探りながら当てはめていく姿や、容器の中にコインが入っていくようすを横から眺めて、確かめながら入れている子どもの姿もありました。

コインは紙ではなくプラスチックで作ると、口に入れてもじょうぶで消毒も簡単にできます。

発達がわかる 遊びのツボ 形の認識能力アップ！

容器にあいた穴と、コインの形を一致させることで、形を認識する力が育ちます。また、指でつまんで落とす動作により、手先の器用さも身についていきます。

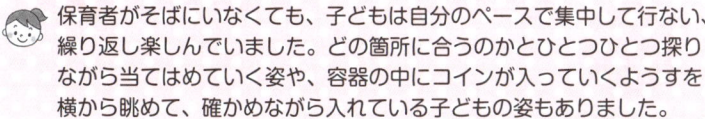

おまかせ！ なんでもあそび 0歳児

感触遊びで楽しむ むにゅむにゅ これな～に？

準備物 ＊ **手で握れる大きさのいろいろな硬さの物**（例：スポンジ、プチプチシートを筒状にしたもの、フィルムケース　など）

子どもの顔の前に玩具を持っていき、「はい、どうぞ」と話しかけながら握らせます。子どもは握ったりなめたりしながら興味を示します。ひとりひとりの好みの感触を保育者は把握していきましょう。

発達がわかる 遊びのツボ

物の認識

子どもたちは手や口の感触で「物」を確認していきます。そこで「柔らかい・硬い」「心地良い・不快」などを発見します。感触を経験していくことで「物の認識」ができていくのです。

実際に遊んでみました！ 現場からのコメント

柔らかい物が好きな子もいれば、ごわごわした物が好きな子もいて、個人個人で好みがあるということが本当によくわかりました。この子がこれを？　という意外性もあっておかしかったです。

じょうずに捕まえられるかな？ ゆらゆら キャッチ

準備物 ＊ **風船**（小さめのもの）、**ひも**
・風船にひもを付ける。

子どもが寝転んでいる（座っている）顔の前に風船を揺らします。「捕まえられるかな？」と話しながら、風船をキャッチできるように位置を調節します。

実際に遊んでみました！ 現場からのコメント

少し高めに設定すると、子どもはなかなかうまく捕まえられず、やらなくなってしまいました。後日行なったときには、簡単に捕まえられるところからスタートすると、何度も繰り返し遊んでいました。できることが次への楽しみにつながるようです。

発達がわかる 遊びのツボ

目と手の協応

まだまだ思うように自分の体で反応できない時期です。目に見えるものをしっかり追い、手や足を伸ばして物に触れるというだけでもすごいことです。経験していくうちに「目と手の協応」ができるようになっていきます。

山があると登りたくなる ぐるぐるハイハイ

ハイハイで山を越えて遊びます。下りてもすぐにまた次の山があるので、何度も繰り返して遊べます。

準備物＊**マット、ソフト積み木 など**

・マットを口の字型に置き、それぞれの中央にソフト積み木などを置いて小さな山にする。

こんな設定でも遊びました

実際に遊んでみました！

現場からのコメント

初めはきょとんとしていた子どもたちですが、保育者が見本を見せるとまねをして、すぐに楽しく遊びだしました。全身を使って一生懸命登ろうとする姿はとてもかわいらしかったです。

楽しく登りだしたので、運動量を取ろうと少しスペースを広げてみたところ、急に脱線してしまう姿が見られました。狭いほうが集中して遊べてよかったかもしれません。

★詳しくは20ページへ！

発達がわかる 遊びのツボ チャレンジする気持ち

自分の背とあまり変わらない高さの山でも、体全部を使って登ろうとします。実際は登れなくても、山にくらいつき、足をピョコピョコ動かして何とか登れないものかと試みます。この「意欲的にチャレンジする姿」が大切なのです。

立ち上がったら、届くかな？ たっちしてタッチ

準備物＊**子どもの目をひくような軽い玩具**

・つかまり立ちができそうな場所に玩具を置くかつるす。

保育者は「あら！ こんなところにおもしろそうなものがあるね」と子どもの気をひくように促し、興味を持った子どもは、近づいていき、立ち上がって触ります。触れたら「じょうずにできたね」と褒めましょう。

実際に遊んでみました！

現場からのコメント

子どもたちにはそれぞれに好きな玩具があります。あまり興味がない玩具で誘ってみてもまったく相手にしなかったのですが、玩具を替えてみると一目散《いちもくさん》に近づいてきました。子どもの嗜好《しこう》がよくわかっておもしろかったです。

発達がわかる 遊びのツボ 距離感がつかめる

興味がある目標物を発見すると、子どもたちはそれに近づいて、立ち上がったり手を伸ばしたりして何とかつかもうとします。この動作を繰り返すうちに、「自分と物との距離感」がつかめるようになります。

今月のふりかえり

実際に遊んでわかった! 保育者の学びの目と芽

4・5歳児

8ページ **トントン、上? 下?** より

一定のリズムが生まれるようにアレンジ

初めは「トントン、上(または下)」でふたりが同じになれば「イエーイ」でハイタッチ、違う場合は再び「トントン…」と、そのまま続けていました。しかし、子どもたちを見ていると、タイミングがずれることが多く、リズムが生まれていないように感じました。そこで、合わなければ「トントン、エーン」というジェスチャーを入れてみました。すると、一定のリズムが生まれ、ふたりの息がだんだんと合うようになっていったのです。たった0・5秒くらいの「間」ですが、**この「間」を埋めることによって、遊びがさらに活性化していく**のを感じました。

2・3歳児

13ページ **宝物どっちかな?** より

わざと見えるように!?

遊び始めたときは、宝物を完全に隠していたので、「はずれ」の子どもが多くいました。「あたり」と「はずれ」に分かれてしまうことで、みんなで楽しめない内容になっていることに気づきました。そこで、「どっちかな?」と隠しながらも、わざと少しだけ見えるようにし、必ず全員が「あたり」になるような〝仕掛け〟と〝演技〟をしました。すると、**みんなが「あたり」となり、見え見えの演技をしている保育者への愛着も生まれていったようでした。**保育者との関係性を築く4月にはぴったりのやりとりであると感じました。

0・1歳児

19ページ **ぐるぐるハイハイ** より

物や人を通して「集中」して「楽しく遊ぶ」

物への興味や関心が出てくる時期です。大きな山が見えると、ずりばいの子であっても必死に近づこうとしたり、保育者に自分を近くまで「連れて行って!」とアピールしたりすることもあります。人数が多いからといって設置場所を広げすぎると、注意力が散漫になってうまく進めません。ひとつ越えたらすぐ近く(視界に入る範囲)に次の山があるというぐらいがよいでしょう。また、年齢が低ければ低いほど、ひとつの物にこだわって楽しもうとします。**次々に進むことを重視するのではなく、ひとりひとりが満足して楽しむことを優先してください。**ただし、衝突を防ぐためにも同じ方向から登るように徹底しましょう。

ちょこっと解説

遊びのこと子どものこと

1 「保育者主導」は悪くない!?

「保育者主導の保育」を〝けしからん〟という声をよく耳にします。確かに子どもを枠にはめ込もうとする保育者はいるでしょうが、それは「子ども理解」ができていないというよりも、子どもの気持ちや発達に沿うような活動の提供ができておらず、創意工夫がないことが問題なのだと思います。創意工夫は実際に子どもと過ごす中でしか生まれません。幼児向けに遊びを創意工夫し、アレンジする力があれば、「保育者主導」は決して悪くないのです。

2 「待ち時間なし」で運動量アップ

毎年、子どもの体力調査で「子どもの体力低下」と「体育講師の導入の有無」が比較され、体育講師がいる園ほど体力が低下しているという情報があります。体育講師でもある私としては「講師の導入の有無」ではなくて「プログラム内容」の問題であると思います。子どもの動き回りたい欲求にこたえるために、短時間でもたくさんの運動量を確保できるような工夫が必要です。10ページの「エンドレス『だるまさんがころんだ』」のように「ゴール」しても、またすぐに参加できるというルールアレンジは、「運動量確保」のよい例だと思います。

3 乳児のチカラに着目!

近年、欧米を中心に乳児に対する知見や認識が大きく変わってきました。今まで知られていなかった能力や大人以上の能力があることが日々明らかになってきています。実際、私たちは0歳児が、互いにかかわり合って学び合っている姿を日々の保育の中で〝目撃〟しています。本書においても「活動」「運動」という面からだけではなく、「遊び環境の設定」を実際にいろいろと試しながら、そこでの乳児の姿や動きに着目して、乳児理解に言及できればと考えています。

5月の箱

4・5歳児 ちょこっとあそび …… P.22
じっくりあそび …… P.24
2・3歳児 ちょこっとあそび …… P.26
じっくりあそび …… P.28
1歳児 おまかせ！なんでもあそび …… P.30
0歳児 おまかせ！なんでもあそび …… P.32
ふりかえり 実際に遊んでわかった！保育者の学びの目と芽 …… P.34
ちょこっと解説 遊びのこと子どものこと …… P.35

ちょこっとあそび

4・5歳児

ゲーム性アップで意欲もアップ

ふたりでフープにジャンプイン！ゴールイン！

準備物＊**フープ**（4人に1個）
・4人組になる。

ふたりずつで向かい合って立ちます。片側のふたりのうちどちらかがフープを滑らせ、もう片方のふたりはフープの中にジャンプして入ります。ふたりの足がフープの中に入ったら、入った足の数だけ得点になります。

1回ずつ交替する。

実際に遊んでみました！ 現場からのコメント

フープを滑らせる力加減が難しそうでしたが、極端に強くしたり弱くしたりするのではなく、ちょうどジャンプして入りやすいように調節する姿が印象的でした。対戦しているというよりも、4人で協力しようという意識が強いんだなと感じました。

やり込んでいくと、「フープの中に足が入った状態で3秒間は中に入ったまま立つこと」など、子どもたちのほうから新たなルールも生まれていました。

発達がわかる 遊びのツボ

得点制でゲーム性アップ！

ふたりでタイミングを合わせてジャンプをし、またそれが得点になるというゲーム性を高めることで遊びも深まります。距離は、滑らせる環境によっても変わりますが、2〜3mぐらいがいいでしょう。

スピード感&ドキドキ感!!

フープでぐるぐるUFO

準備物＊フープ（3～4人に1個）

3～4人でフープを持ちます。「よーい、スタート」の合図で左手か右手（どちらかに統一）にフープを持ち、グルグルまわります。初めは10秒間、全員が手を離さずに倒れないでまわれるかをやってみて、その後20秒、30秒というように秒数を長くしていきます。

実際に遊んでみました! 現場からのコメント

1分程度まわっていても、子どもたちは目がまわったり疲れてしまったりすることはなく「次は○秒したい！」と、どんどん子どもたちから声が出ていました。ある程度スピードを出しつつ、長い秒数をクリアできることが、楽しさの要素になっているように感じました。

グループ同士でぶつからないように間隔を空けることはもちろんですが、人数が多かったり、スペースが狭かったりする場合は、「半分は座って見る」「グループごとに交替する」などやり方を工夫するようにしました。

発達がわかる 遊びのツボ　成功させたい気持ちとスピードを出したい気持ちの葛藤

「○秒間、手を離さないで倒れないでまわれるかな?」と、課題を必ず子どもたちに投げかけることが大切です。「ある程度スピードを出してまわらないと楽しくない」「でもみんながスピードを出しすぎると制御が効かなくなり、手が離れて失敗してしまう」という矛盾する気持ちが交錯しながらも、成功できたときには、喜びとおもしろさがわき上がってきます。

じっくりあそび 4・5歳児

仲間集めは「わかりやすさ」がポイント

イチゴ&バナナ

準備物＊フープ（ふたりに1個）

1

ふたりでフープに入り、「イチゴ」「バナナ」の名前を決めます。

わたし、イチゴ！
ぼく、バナナ！

2

保育者が「イチゴ」と言ったら、イチゴの子どもだけがほかのフープへ引っ越します。（「バナナ」「イチゴ」を何度か繰り返す）

イチゴ!!
わたしだ！
あっち いこう！
ぼく イチゴだっけ？

3

「イチゴバナナ！」と言ったら、全員が引っ越し、新しいふたり組になってフープに集まって座ります。また「イチゴ」「バナナ」の名前を決めて繰り返します。

イチゴバナナ！
ひっこしだー!!
よしっ!!

実際に遊んでみました！ 現場からのコメント

「イチゴ」と「バナナ」で帽子の色分けをすると、さらにわかりやすかったようでした。

「フルーツバスケット！」（全員引っ越し＆メンバーチェンジ）というかけ声ではピンとこず、意味がわからないようですが、具体的に「イチゴバナナ！」にすると言葉と意味がつながったようでした。

発達がわかる 遊びのツボ

段階を踏むことで「ルール理解」につながる

「イチゴ」と「バナナ」を交互に繰り返すことで、「イチゴバナナ（全員引っ越し＆メンバーチェンジ）」のルールが理解できます。子どもたちは「わかりたい」という欲求を潜在的に持っています。動きながら段階を踏んでいく展開によって、ルールを理解することも楽しみのひとつになっていきます。

詳しくは34ページへ！

しぜんと「仲間」を意識！

フープからフープへ引っ越し競走

準備物＊**フープ**（グループに1個）
・5～7人のグループになる（3～4つ）

1

グループで、長座になってフープを持ちます。

2

「よーい、ドン！」の合図でフープを床に置き、違うフープにグループ全員が引っ越しします。いちばん早く全員が引っ越しできたグループが勝ち。

あっちに いこう！

実際に遊んでみました！

現場からのコメント

初めのうちはグループの子どもが四方八方に散らばってしまったり、あっちでもない、こっちでもない、ともめたりして、全員がそろうまでに時間がかかっていました。でも、何度か繰り返していくうちに、「次はあそこにしよう」と作戦をたてるグループも出てきました。

ほかのグループと重なった場合は、どちらかが譲らなければならず、結局はその場での判断になるので、ひとりひとりの子どもや子ども同士のやりとりに人間味が現れていておもしろかったです。

発達がわかる 遊びのツボ

その場で考える力、その場で助け合う力

「イチゴ&バナナ」（24ページ参照）のように、子どもが間違えないような、ていねいな展開でルールを理解していく楽しさとは異なり、「メンバー全員が早く引っ越しする」というシンプルなルールで、子どもたちがその場で考えたり、グループの子ども同士で呼び合ったり、助け合ったりすることで、子どもたち自身がおもしろさをつくり出していきます。

★詳しくは34ページへ！

ちょこっとあそび 2・3歳児

みんないっしょにするから楽しい

フープdeいろいろアクション

準備物 * フープ（ひとり1個）

1

フープをハンドルに見たてて、「しゅっぱーつ」の合図で、同じ方向にまわります。

2

「3、2、1…どっかーん!」でロケット（フープを持ち上げて手を合わせてフープを落とす）。「しゅっぱーつ」で再びハンドルに見たててまわり、繰り返します。

3

「せーの」の合図で、フープを立てて「クルクル~」とまわします。

実際に遊んでみました! 現場からのコメント

初めにフープをひとりずつに配り、手に取った子どもから自由に遊べる時間をあえて設けました。自分でどんどん遊び方を考えて遊べる子どももいれば、遊び方がわからなくてじっとしている子も見られました。その後、みんなでいっしょに動くと、じっとしていた子も、自分で遊べていた子も楽しそうに活動に参加していました。あらためて、個々のペースは大切にしながらも、集団で遊ぶよさを実感することができました。

発達がわかる 遊びのツボ

「みんないっしょ」が楽しさの秘訣

単純な動きでも、「せーの…」などのかけ声を決めて、必ずタイミングを合わせることが大切です。みんなでいっしょ（同時）にするだけのことがとても重要で、単純な動きこそ、みんなですると楽しいのです。

転がるフープは追いかけたくなる!?

待て待てコロコロフープさん

保育者はひとり1個ずつフープを渡し、子どもは順番に保育者にフープを持って行って手渡します。「いくよー、せーの、コロコロ〜」と言って保育者がフープを転がすと、子どもは追いかけて捕まえます。キャッチできたら、フープを保育者のところまで持ってきて繰り返します。

準備物＊フープ（ひとり1個）

※保育者の数に対して子どもの人数が多い場合は、3人分をいっぺんに転がすなど、待ち時間を短縮する工夫をしましょう。

実際に遊んでみました！ 現場からのコメント

保育者の数が少なく、ひとりずつ順番にしていると、待つ時間が長くなったので、3つのフープ（3人分）を一度に転がして遊んでみました。転がす前に「これはだれのだった？」とひとりずつ聞くことで、ほかの友達のフープと間違えずにしっかりと自分のフープを追いかけて楽しめていました。5人一度にやってみてもだいじょうぶでした。

詳しくは34ページへ！

発達がわかる 遊びのツボ

追いかける楽しさと必ず追いつく満足感

転がるフープを追いかけることが単純に楽しいのと、フープはいずれは失速し、必ず追いついて捕まえることができるので、遊びに見通しを持つことができて繰り返し楽しめます。

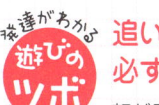

じっくりあそび 2・3歳児

自分のものだから、自分で決めた場所だから

わたしのおうちにお引っ越し

準備物＊**フープ**（ひとり1個）
・スタートのラインを決める。

1

フープをひとり1個ずつ持ち、スタート地点からゆっくり歩いて、自分の好きなところでフープを床に置き、またスタート地点に戻ります。

2

保育者の「よーい、ドン」の合図で自分の置いたフープまで引っ越しします。自分のフープに入ったら座り、同じ要領で、別の場所にフープを置いて…と繰り返します。

実際に遊んでみました！ 現場からのコメント

自分のフープを間違える子どもはほとんどいませんでした。一度だけ、白のフープに入っていたAくんのところにだれかが間違えて入ってしまったときに、Aくんは「自分の場所がない…」と泣いてしまいました。保育者が「だれか間違えてないかな？」と聞いても、ほかの子どもたちはキョトンとしており、「じゃあ、次は間違えないように気をつけて、もう１回やってみようか」と言ってやってみると、同じ白のフープに入っていたほかの子どもたちが、Aくんが白のフープに入れるようにしてあげるほほ笑ましいシーンが見られました。

発達がわかる 遊びのツボ　こだわりがあるから楽しめる

この年齢の子どもたちは、自分のものに対するこだわり（執着心）が強く見られます。自分が手に持っていたフープ、自分で決めて置いた場所は、大人以上にしっかりと覚えています。「自分のものにこだわる」というこの年齢の子どもたちの特性を生かした遊びです。

フープ電車で迎えに行くよ

先生や友達とつながろう

準備物＊**マット、フープ**
・マットを対面に置き、グループを4つつくる。
・子どもたちは両方のマットに2グループずつ分かれて入る。

1

保育者がフープの中に入って運転士になり、子どもたちのところに行って「○○先生電車でーす。○○駅まで行きまーす。まずは○○グループさん!」と言って始めます。

2

子どもたちはグループごとに保育者の後ろにつながります。反対側のマット(駅)まで行くと、保育者は「ご乗車ありがとうございました〜」と言って子どもたちをマットに降ろし、次にマットで待っていたグループの子どもたちを乗せます。同じようなやりとりをして繰り返します。(カラー標識で道を作り、その間を通るようにしてもよい)

実際に遊んでみました! 現場からのコメント

保育者が遊びの中心となって遊びを成り立たせていくことが、この時期の子どもたちになじむように感じました。

何度か遊んでから、「じゃあ、次は○○ちゃんが運転士さんやってみる?」というように、子どもに先頭を交替するとさらに楽しめました。

グループが明確にわかるように、帽子で色分けしておくなどの配慮が必要だと感じました。2回に1回は順番が回ってくるという、はっきりとしたパターンが理解できると、子どもたちは意欲的になれたようでした。

発達がわかる 遊びのツボ ごっこ遊びの要素を大切に

「切符は持ってますか〜?」「は〜い」といったやりとりや、「シュッシュ! ポッポ!」といったかけ声(ごっこ遊びの要素)が遊びを膨らませ、子どもたちの「何度も繰り返したい!」という意欲につながります。また、4チームに分けたことで電車→待つ→電車と遊びに見通しが持て、「次はぼくたちのグループだ!」と期待して待つことができます。

おまかせ! なんでもあそび 1歳児

歌あそび

魚がぴょん!

どこにくっつくかな?

子どもと向かい合わせに座り、『魚がはねて』を歌いながら「ピョン」のところで子どもの頭や鼻などにタッチします。

ピョン
♪ピョン

実際に遊んでみました!
現場からのコメント

顔や頭、体を触られると、くすぐったそうでしたが、「もう1回して」と楽しんでいました。何度もやると、指をつかまえようとするので指と手が追いかけっこのようになり、それもまたケラケラ笑って楽しんでくれました。

子どもが保育者の顔にタッチして遊ぶこともできました。

発達がわかる 遊びのツボ

動作の理解

歌と動作を合わせることで、子どもたちは言葉の意味と、動作の理解が楽しみながら身についていきます。

『魚がはねて』 作詞・作曲/中川ひろたか

C
G7
C
さかなが はねてピョン
あたまにくっついたぼうし
おなかにくっついたデベソ
おむねにくっついたオッパイ

どこにある?

どこに隠れているかな?

準備物 * 玉入れの玉

保育者は子どもの前で、玉入れの玉を服の中に数個隠します。「どこに隠れてるかな?」と聞き、子どもがタッチして当てていきます。

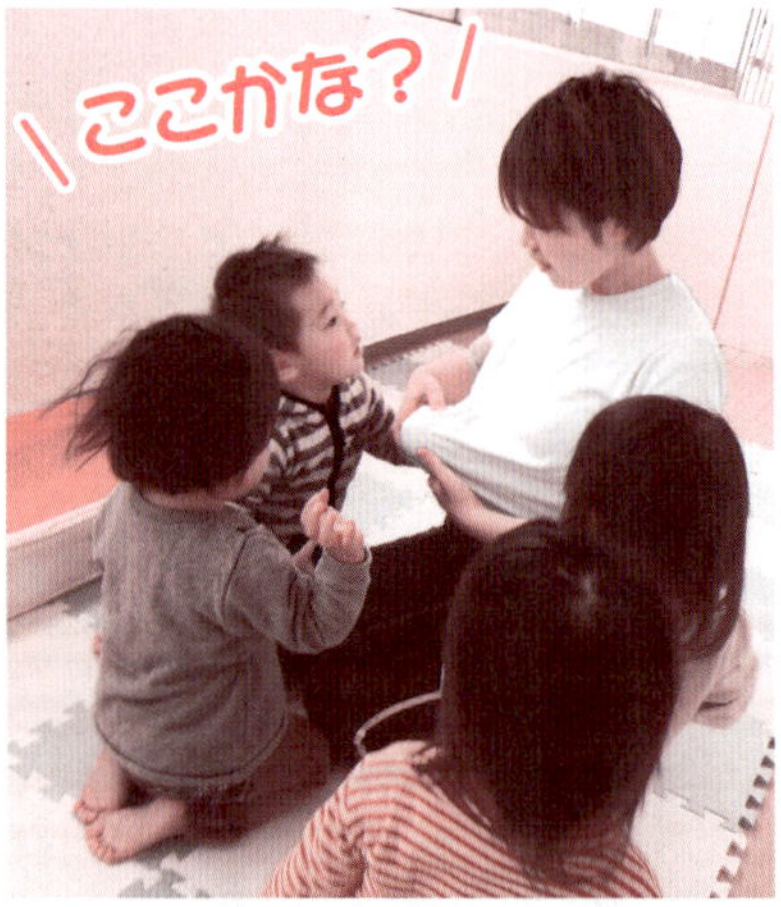
ここかな?

実際に遊んでみました! 現場からのコメント

玉をすぐに隠すと意味がよくわからないようすだったので、一度軽く投げてから、すばやく服の中に隠すようにすると不思議がって探し始めました。見つけると「あった!」とうれしそうな顔をしていました。

発達がわかる 遊びのツボ

好奇心を持たせる

玉が隠れたら「あれ?」と思い、すぐに「探す」というアクションを起こすことが、この遊びのおもしろいところです。いかに好奇心を持たせてあげられるかが大切です。

先生の顔にタッチ!

アメ玉ど〜こだ?

子どもと向き合って座り、保育者は舌でほおを膨らませてアメ玉が入っているように見せます。子どもが指で押したら、反対側のほおに移動し、また押すとあごに、あごを押すと舌がぴよ〜んと出る、という繰り返しを楽しみます。

発達がわかる 遊びのツボ

わかる楽しさ

「次はこうだな」「最後はこうなる」とわかるほうが、子どもたちの楽しさにつながります。よく知っているものほど楽しいので、フェイントなどはまったく必要ないのです。

★詳しくは34ページへ!

実際に遊んでみました! 現場からのコメント

ほおの膨らみを「あれ〜? あった!」と言いながら見つけていました。舌が出たときは驚いていましたが、繰り返すとおもしろくなり、同じように舌を出してまねっこしていました。

じょうずに歩けるかな

マットで遊ぼう

初めは保育者と手をつなぎ、マット→床→マットというように足の裏の感触が違うものの上を歩きます。じょうずに歩けるようになってきたら、子ども同士で歩いてもおもしろいでしょう。

準備物 * **マット**
- マットを平行に間隔を空けて置く。

発達がわかる 遊びのツボ

瞬時に体が反応

足の裏で"柔らかい""硬い"という感触の違いを理解していきます。バランスの取り方や踏ん張り方など、繰り返すうちに瞬時に体が反応するようになります。

実際に遊んでみました! 現場からのコメント

初めは保育者と歩きましたが、すぐに慣れて、子ども同士でも歩けました。マットの柔らかい部分は慎重に歩いていました。

手をつなぐことで子ども同士の触れ合いにもなっていました。まだおしゃべりがじょうずではない子が、目を合わせて「手をつなごう」と言っているようなようすも見られました。

おまかせ！なんでもあそび 0歳児

歌あそび

笑顔がうれしい お花が にこ〜！

子どもと顔を見合わせながら『おはながわらった』を歌いながら、2小節ごとに「♪おはながわらった…にこ〜！」と笑顔を入れていきます。

発達がわかる 遊びのツボ　信頼関係が生まれる

保育者と見つめ合い、ふれあいながら模倣遊びをすることで、信頼関係が生まれます。

実際に遊んでみました！ 現場からのコメント

初めは不思議そうに見ていましたが、しだいに保育者の表情を見ていっしょににっこり笑ったり、手ぶりをまねしてほおに手をあてたりして楽しんでいました。

友達の顔を触ってにっこり笑い、かかわり合う場面も見られました。笑顔を入れずに歌ってみると、「あれ？」と物足りないような顔をしていました。

『おはながわらった』　作詞／保富庚午　作曲／湯山　昭

ウサギさんにタッチできるかな？ ウサギにタッチ

準備物＊
ハンカチ、ガーゼなど
・ハンカチの角をふたつ合わせ軽く結んでウサギの形にする。

保育者はウサギを持って「よしよししてあげてね」などと子どもに話しかけ、いろいろなところに動かして、子どもはウサギにタッチして楽しみます。

発達がわかる 遊びのツボ　距離を理解する

ウサギという目標物に、自分からタッチをするということは、視点がしっかりと定まり、目標物までの距離を瞬時に理解できている証拠なのです。

実際に遊んでみました！ 現場からのコメント

力加減がなかなかできず、強くたたいたり、引っ張ったりすることがありましたが、保育者が見本を見せると、少しずつ力を緩めて触っていました。

フェイスタオルで作るとサイズが大きくなるので、ギューっと抱き締めるなど、人形のようにして遊んでいました。保育者も結び目に手を入れやすく、動かしやすかったです。

だれかわかるかな?

いない いない ばあ〜

準備物＊**ガーゼ**

保育者は子どもと向き合って座り、ガーゼで子どもの顔を隠して「いない いない ばぁ〜」で顔を出します。ガーゼは、うっすらと顔が見えているので、怖がらずに遊べます。

実際に遊んでみました! 現場からのコメント

ガーゼだと相手が見えるので、子どもは安心して楽しんでいました。楽しさがわかると「もう１回」と繰り返していました。そのうちに、自分で顔にガーゼを掛ける姿も見られました。

発達がわかる 遊びのツボ

「期待」から「安心」へ

隠れることで子どもたちは期待をし、「ばぁ」と出てくることで安心して楽しみます。この「期待」から「安心」の一連の動作が、この年齢の子どもたちの楽しさの秘訣です。

トンネルに入れるかな?

マットで遊ぼう

準備物＊**マット、フープ**

・フープにマットを差し込んで、半円のトンネルを作る。

フープの中に入ったり、ハイハイしたりして楽しみます。

実際に遊んでみました! 現場からのコメント

怖がらずに入って楽しんでいました。繰り返し何度もくぐって活発に動き、つかまり立ちができる子は、フープを支えに立つ姿も見られました。中で揺らして船のようにしている子もいましたが、怖くないようすでした。薄いシーツなどを掛けたトンネルにしても、おもしろいのかもしれません。

発達がわかる 遊びのツボ

筋力のアップ

周囲を囲まれていない半円のトンネルは、子どもたちにとって怖くない環境です。ハイハイを意欲的に楽しむことで、腕や脚の筋力･腹筋や背筋の強化にもなります。

今月のふりかえり

実際に遊んでわかった!
保育者の学びの目と芽

4・5歳児
24ページ **イチゴ&バナナ**
25ページ **フープからフープへ引っ越し競走** より

ていねいな展開と意図性のある展開

遊びの展開には、「イチゴ&バナナ」のように、子どもが動きながらしぜんにルール理解にいたる「ていねいな展開」と、「フープからフープへ…」のように、とまどいが起こることを予想しながら、あえてそこで子どもに考えさせる「意図性のある展開」があります。**実際に遊んでみるとそれぞれの活動の種類に合った遊び方（ねらい）があることをあらためて実感しました。**そしてどちらの遊びも、「全体がルールを共有していること」が楽しさの秘訣になります。

2・3歳児
27ページ **待て待てコロコロフープさん** より

こだわりやものを識別する力をルール化する

この遊びを行なう中で、保育者ひとりで子どもひとりずつを順番に行なうと「待ち時間」が長くなり、待つことで意欲が低下してしまうのがこの年齢の子どもたちです。そこで、3つ同時に3人ずつ、5つ同時に5人ずつというように、待ち時間を短縮するために、多少混乱することは想定したうえで試みたところ、子どもたちは見事に自分のフープを見分けることができ、こちらの予想に反してほかの友達のフープと間違えて取り合いになることはありませんでした。

時間短縮のために試みたことですが、**この年齢の子どもたちには「こだわり」や「自分のものを識別する力」があることがわかり、それを「ルール」に生かせる**ことをこの実践を通して発見できました。

0・1歳児
31ページ **アメ玉ど～こだ?** より

期待を裏切らない「お決まりの流れ」が大切

遊び始めたころは、保育者が単に〝おもしろい顔をしているだけ〟という感じでケラケラ笑っていた子どもたちでしたが、次第にその遊びの中に〝法則〟があるということに気づいていきます。こっちにいって、そっちにいって、下にいったらあっかんべーという一連の動きを繰り返すと興味を抱いて、「その次の場所」を予測して見るようになります。**毎回同じ動作を繰り返すことが子どもの期待や楽しさにつながります。**大人目線で「飽きないために少しアレンジをする!」という考え方は逆に子どもの期待に添えない場合があるので気をつけましょう。

ちょこっと解説

遊びのこと 子どものこと

1 ルール理解と子どもの考える力

「じっくり遊び」では、保育者は子どもが混乱しないように〝単純な動き〟を積み重ねてから、最終的にひとつのゲームを楽しむことを心がけることが必要な場合があります。例えば3歳児に「10秒以内に相手を見つけて、そこから〝なべなべそこぬけ〟」と言っても「ふたりひと組」になることが課題になり、いつまでたっても〝なべなべ〟ができずに混乱します。まずは「ふたり組の相手探し」というルールのある活動を繰り返し楽しんでから〝なべなべ〟に持っていく方法が妥当です。一方、5歳児なら「10秒以内」というルールが逆に意欲を促し、きゃっきゃっと言いながら相手を探して楽しむ姿が見られます。今回の「イチゴ&バナナ」は子どもが混乱すれすれで考える力を発揮するためのルールが盛り込まれています。集団ゲームのルールは、個々の発達というよりも〝集団としての発達（関係性）〟を促すために必要であり、集団としての発達状態を見極めて慎重に導こうとする目も必要だと思います。

2 「こだわりを大事にする」ことと「こだわりから解放する」こと

イス取りゲームなどで、すばやくイスに座る場合、イスにマイ座布団やマイシールがあると、年齢が低いとどうしても〝自分のイス〟に座ろうとし、思わぬトラブルが発生する場合があります。このような個々の〝こだわり〟の気持ちを認め、大切にしたうえで集団ゲームをしようと思えば、座布団やシールをはがして、ゲーム中にこだわりを感じさせないような〝配慮〟が必要になります。

一方、そのゲームに慣れてきたら、座布団やシールはそのままで、あえて〝自分のイス以外のイス〟に座ることを平気に感じたり、〝自分のイス〟に友達が座ることを許せたりする気持ちをはぐくむために意図的に〝配慮〟をしないことで、こだわりから解放することも大事です。同じルールのゲームでも、〝心の育ち〟によって、ねらいが大きく変わることを理解してほしいと思います。

3 楽しさは「決まった順で繰り返し」

乳児の自立は、毎日、同じ動作を同じ手順で繰り返すことではぐくまれます。今回の乳児の遊び「アメ玉ど〜こだ?」も、基本的にはアメ玉が動く順序は同じにすることで意欲や楽しみは増します。これが生活面での自立につながるものであると推論しています。とかく自立というと臨機に対応する力であるようにとらえられがちですが、決まったことを決まった順序で繰り返す中で身につくものですから、「遊び」によって自立を促すこともできる、といえるでしょう。

6月の箱

4・5歳児	ちょこっとあそび	P.36
	じっくりあそび	P.38
2・3歳児	ちょこっとあそび	P.40
	じっくりあそび	P.42
1歳児	おまかせ！なんでもあそび	P.44
0歳児	おまかせ！なんでもあそび	P.46
ふりかえり	実際に遊んでわかった！ 保育者の学びの目と芽	P.48
ちょこっと解説	遊びのこと子どものこと	P.49

ちょこっとあそび
4・5歳児

ちょこっと動いてたっぷり汗かき

忍者トレーニング

ふたりひと組になり、忍者になりきって、いろいろな動きを楽しみます。

忍者トンネル

1 ひとりがクマさんトンネル（腕を立てておしりを上げる）になり、もうひとりがくぐります。

2 くぐり終えたら、トンネルの子はおへそを床に付けて腹ばいになり、もうひとりがその上をジャンプで跳び越えます。

数回続けてから交替する。

忍者ジャンプ

ひとりは肩幅程度に足を開いて長座になります。もうひとりは足の間に立ち、足をグーパーグーパーしながらジャンプします。座っている子は足を動かさずにジャンプしている回数を手拍子でリズムを取りながら数えます。

数回続けてから交替する。

実際に遊んでみました！ 現場からのコメント

忍者トンネルは、くぐる、跳ぶ、くぐる…と計10回が程よい回数のようでした。雨の日など、室内でスペースが限られていても、短時間でしっかりと運動できました。慣れてきたら時間内で何回できたかを競うようにしてみたら、盛り上がりました。

忍者ジャンプでは、ふたりでリズムを取ることで一体感が生まれて盛り上がり、達成感を共有していたようでした。

発達がわかる 遊びのツボ

動きを通じて、体力とコンビネーションUP

ふたりで、互いの動きや役割を判断して動きます。回数を重ねるごとに要領がつかめ、コンビネーションが高まります。動きや役割がはっきりしてわかりやすく、狭い場所でもしっかりと運動量を確保できます。忍者トンネルでは、動きを通じてしぜんと俊敏性と腕支持力がアップされ、基礎体力も身につきます。

いつまでも続くジャンケン遊び

ジャンケン ハイ&ロー

相手を見つけてふたりでジャンケンをします。勝った子は、足を開いてトンネルに変身。負けた子は、四つんばいに変身してくぐります。

ジャンケンポン
勝ってトンネルになった子は、そのまま歩いて、同じく勝って歩いている子を探してジャンケン。

四つんばいの子は、そのまま、同じく負けて四つんばいになっている子を探してジャンケン。

勝ったらトンネル、負けたら四つんばい…を繰り返す。

かった～!!

いた!

ジャンケン…

まけたー!!

実際に遊んでみました! 現場からのコメント

ルールが簡単で、特に競い合うわけでもなく、繰り返し楽しめました。初めて会う子ともすぐに遊ぶことができ、たくさんの友達とかかわることができました。

特に4歳児では、同じ体勢の子ではなく"ジャンケンをやってみたい子"を探してしまう場合がありました。初めに全員で立って何度かジャンケン、次に全員で四つんばいになって何度かジャンケンと、どちらの動きもみんなで経験してから行なうと、ルールが浸透しやすくなりました。

詳しくは48ページへ!

発達がわかる 遊びのツボ

次の動きとルールがリンクした、単純で明瞭なルール

「勝ったらトンネル＆立ったまま歩いて探す」「負けたらくぐって四つんばいのままで探す」と、動きとルールがはっきりとリンクしているので、理解がしやすく、スムーズに楽しめる遊びです。5歳児では物足りない部分もあるので、「トンネルをくぐる前に四つんばいの子の上に座って3歩前進」など、動きを足してもいいでしょう。

じっくりあそび
4・5歳児

歌あそび

少人数での程よいワクワク感が楽しい
ミニミニロンドン橋

準備　＊6人組になる。

6人のうちのふたりがひざ立ちで手をつないでトンネルをつくり、4人が四つんばいで『ロンドン橋』を歌いながらくぐります。「♪さぁ～どうしましょう」で手を下ろして、くぐっている子を捕まえます。

♪〜

♪ さぁ〜どう
しましょう
つかまった〜

役割を交代して繰り返す。

にげられたー

実際に遊んでみました！ 現場からのコメント

わざと止まっている子どもが出たとき、どうするか見守っていると、トンネルのふたりが動いて捕まえにいく姿が見られました。すると互いに納得し、交代して次に進んでいました。グループごとに楽しみ方が多様で、集中していたようでした。

歌の最後で橋が落ちるのがわかっているのに、ひどいズルがなく、6人で楽しんでいました。歌の途中で橋が落ちたらおもしろいかと思いやってみましたが、グループごとにすると橋役のふたりでいつ落とすかのタイミングを図るのが難しいようでした。そこで、全グループ一斉に歌い、保育者の「ドカン！」の合図で落とすようにするとうまくいき、違ったワクワク感が生まれてさらに盛り上がりました。

発達がわかる 遊びのツボ　少人数で楽しさをしっかり味わえる

大人数の大きな円で行なうと、捕まりたくない気持ちからなかなか進めなかったり、止まって詰まらせることに楽しさを感じてしまったりすることがあります。しかし、6人組だと程よい円の大きさで、ズルが成立しにくくなります。また、ズルが起こったとしても、少人数なのでグループ内で解決しやすく、遊びの楽しさをグループで共有して楽しむことができます。

『ロンドン橋』　訳詩／高田三九三　イギリス民謡

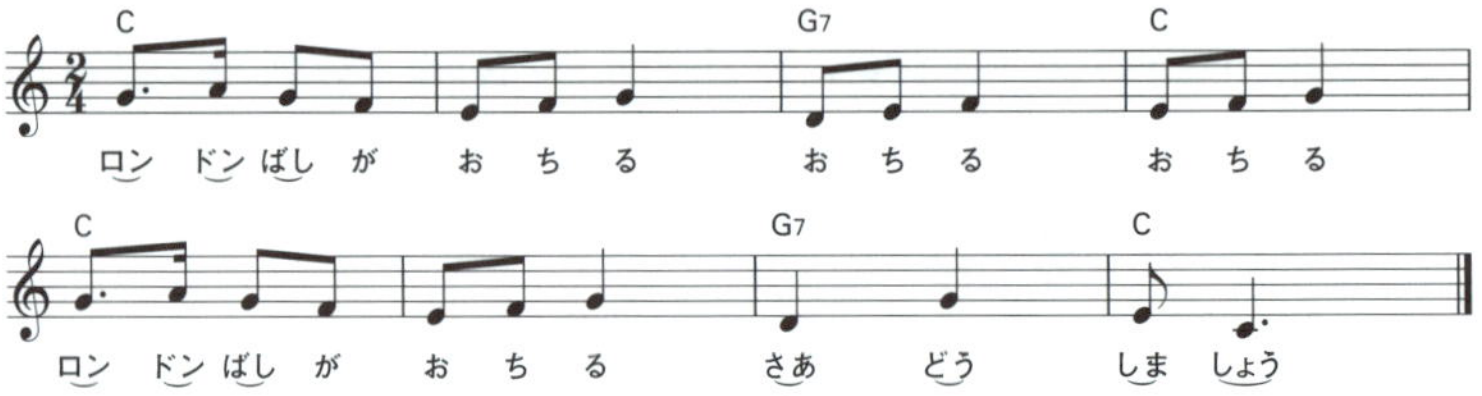
C G7 C
ロン ドン ばし が おち る おち る おち る
C G7 C
ロン ドン ばし が おち る さあ どう しま しょう

室内でもルールの工夫で安全に楽しめる

室内宝取りゲーム

子どもたちはスタートから、おしりスリスリでゴールに向かいます。保育者は「タッチマン」になり、おしりスリスリで動きながら子どもをタッチしにいきます。

準備物 ＊ **マット数枚、玉入れの玉、フープ数個**
・スタートとゴール地点にマットを置き、ゴールには玉入れの玉を置く。
・スタートの後方にフープを置き、「復活ゾーン」とする。

タッチされずゴールマットへたどり着いたら、玉を取り、走ってスタートマットへ戻り、玉を置いて再スタート。

やった〜！
ゴール
スタート
復活ゾーン
タッチ！
1・2・3！
つかまっちゃった〜

タッチされたら、復活ゾーンへ走って戻り、「復活のおまじない（ウサギジャンプ3回　など）」をしてから再スタート。

まてー！

発達がわかる 遊びのツボ

タッチされても自力で復活、再チャレンジ！

タッチされたら終わりでなく、課題をこなせば自力で復活でき、またチャレンジすることができるので、タッチされることへの嫌悪感や失敗することへの抵抗感が薄れ、いつかはゴールできるという達成感を味わうことができます。おまじないは、年齢によってやりやすいものを選びましょう。ゴールした子もタッチされた子も、同じスタートマットの方向へ戻ることで、衝突を防いでスムーズに進行できます。また、おしりスリスリで動くのでけがをしにくく、室内でも十分に運動量が取れます。

実際に遊んでみました！ 現場からのコメント

ルールが簡単なのですぐに理解することができ、何度もチャレンジしていました。追いかけられたり、タッチされたりすることを嫌っていた子も、自力ですぐに復活することができるので参加する意欲が持てたようでした。

5歳児30人でやっていたとき、子どもから「タッチマンをやってみたい」という声があったので交代してみました。ひとりでは難しかったようなので、3人にしたらちょうどよく盛り上がりました。

ちょこっとあそび

2・3歳児

みんなで「ずっこけた！」

さぁ、まねっこしよう

「だるまさんがころんだ」のリズムで「○○さんがずっこけた」（例：カエルさんがずっこけた）と歌い、○○になりきってずっこけます。

＼カエルさんが…／

＼ずっこけた！／

実際に遊んでみました！ 現場からのコメント

保育者が「カエルさんがずっこけた！」と言って転んで見せただけなのに、そこからすぐまねをし始めました。「○○」のところを子どもの名前にすると、その子なりの「ずっこけ」が引き出され、次々に名前を呼んでほしいとリクエストが殺到して盛り上がりました。

「次は何にする？」と聞いてみると、「ペンギン」「ライオン」「飛行機」などの返答があり、いろいろなずっこけ方が生まれました。その中から特に盛り上がったずっこけ方をピックアップしてみんなでまねをしていると、興味を示さなかった子も参加するようになりました。

発達がわかる 遊びのツボ

単純な活動で遊びに見通しが持てる

大人目線からすると、「ずっこける」ことを繰り返すだけでは単調に感じるかもしれません。しかし、ほかの動きを加えるのではなく「ずっこける」という同じ動作を繰り返すことで、子どもの中でさまざまなバリエーションが生まれて楽しむことができ、遊びに見通しを持つことができるのです。

歌あそび

いつのまにかつながった!?

まるくなれ、輪になれ

『まるくなれ』の歌に合わせながら歩き、手をつないでいきます。つながって輪ができたら、「いちにのさん」でその場に座ります。

まーるくなーれ♪
いちにのさん♪

いちにの さん

まーるく なーれ…

実際に遊んでみました! 現場からのコメント

歌い始めてみると、最初は、反応する子、まったく興味を持たない子などそれぞれでしたが、何人かの子と小さい円で楽しんでいたら、じわじわと輪が広がっていきました。最後はみんなでつながり、顔を見合わせるだけで、なんともいえないほんわかした雰囲気になりました。

「集まって」や「静かに聞いて」などと言わなくても、「いちにのさん」で座るとしぜんとみんなが集まって静かになったので、次の活動や話がしやすくなりました。

発達がわかる 遊びのツボ つながりたい欲求を誘い、歌でしぜんに導く

人にはつながることで得られる安心感があるので、つながりたい欲求を持っています。ふたり以上で手をつなぐ場合、みんなが「つながる意識」を共有していなくてはいけません。なので、一気にたくさんでつながることを求めるのではなく、つながりたい者同士、少人数からつながっていくことで一体感や達成感を共有し、つながるイメージを広げていくことができるのです。

『まるくなれ』 わらべうた

まるくなれ わになれ いちにの さん

じっくりあそび 2・3歳児

ガー!!
いっぱいあったよ!
はいった!
ガガガ!

ごっこ遊びでしぜんとパワーアップ

ちびっこブルドーザー

ブルドーザーを滑らせるようにして押しながら床に散らばっている玉を集め、集めた玉は箱へ入れます。

準備物＊

段ボール箱や牛乳パック、玉入れの玉、玉を集める箱

・ブルドーザー（段ボール箱や牛乳パックを斜めに切ったもの）を作る。

・玉を床に置く。

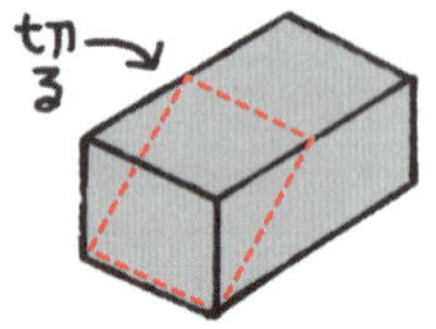

切る

実際に遊んでみました! 現場からのコメント

「ガガガ…」とブルドーザーになりきりながら、玉を箱に集めるのが楽しく、達成感を感じ、遊びを継続させる意欲になっていたようでした。

ブルドーザーを人数分作るのが難しかったので、ペアで交代で行ないました。「遊びに夢中になってなかなか交代しないのでは?」と思いましたが、集めた玉を箱に入れると満足したようで、次の子へスムーズに交代できていました。

発達がわかる 遊びのツボ ふだんなかなか経験しない動きをしぜんと引き出す

腕と足腰を使いながら体幹に刺激を与える運動を引き出します。牛乳パックのように小さいものだとぞうきんがけをするような低い体勢になるので難しく、段ボールのように高さのあるものだと簡単になります。子どもの状況に合わせて準備するといいでしょう。

いくよー!

同じ目的でしぜんとコミュニケーション

バタバタでニコニコ

フープの中に玉を集め、上下に振ってバタバタ飛ばして楽しみます。玉がなくなったら、また集めてフープに入れ、集まったらバタバタして飛ばす、を繰り返します。

準備物 **＊フープにビニールを張ったもの(2〜3人にひとつ)、玉入れの玉**

実際に遊んでみました! 現場からのコメント

初めは、飛ばすタイミングや強さがバラバラで、トラブルになりそうなところもありました。しかし、玉が弾むのが楽しいとみんなが思っているので、ケンカになる前に違うフープに持ち替えたり、同じメンバーでもやりきろうと工夫をしたりしていました。数回すれば息が合ってきて、険悪なムードから笑顔に変わっていく姿も見られました。

各自がしぜんと役割を担いながら「こっちにも入れて〜」と頼んだり、「欲しい?」と声をかけたり、さまざまな楽しみ方が見られました。

詳しくは48ページへ!

発達がわかる遊びのツボ

同じ見通しを持って、しぜんと協力し始める

フープをバタバタと上下に動かすと玉が弾んで飛び上がり、何度でも楽しめます。フープを持って待つ子、玉を集める子、両方する子など、徐々にグループの中で役割分担が生まれますが、みんなが同じ見通しを持っているので、しぜんとコミュニケーションを取って協力し、遊びを進めることができます。

おまかせ！なんでもあそび 1歳児

歌あそび

どん・どん・どん

じょうずに足踏みできるかな？

『ながぐつマーチ』を歌いながら、リズムを取って遊びます。「♪ドンドン」で初めは片足だけで足踏みし、両足で交互に、両足ジャンプ、曲のスピードを変える、などいろいろな動きで楽しみます。

ドンドン♪

♪ドンドン！

実際に遊んでみました！

現場からのコメント

足踏みのリズムが取りにくい子どもは、部屋の壁に手を添えて足踏みをしていました。慣れてくると、リズムに合わせて足音を鳴らすことができていました。

片足ではバランスが取れず、友達同士で支え合ったり、おにいちゃん・おねえちゃんと手をつないで支え合ったりする姿が見られ、異年齢でふれあう遊びにもなりました。

発達がわかる 遊びのツボ　体を動かそうとする意識を促す

「ドンドン」の歌詞を聞き、足を動かすことで、脳だけではなく体の筋肉にも刺激を与えます。また、曲のスピードを変化させると、子どもなりに曲に合わせて自分の体を動かそうと意識をするようになります。

『ながぐつマーチ』　作詞／上坪マヤ　作曲／峯　陽

ながぐつはいてるね ドンドン
ガボガボあるこうね ドンドン
どろんこみちでもさ ドンドン
ほらへいきであるこうよ ドンドン

届くかな？

体を伸ばして、さぁタッチ！

準備物 ＊タオル
・タオルの端を玉結びにする。

子どもの目の前に、タオルをぶら下げます。少しずつ上げて、届くか届かないぐらいのところで、「届くかな？」と声をかけ、少しでも触れたら「じょうずね、届いたね」と褒めてあげましょう。

えいっ

高さを変えたり、バレーボールのアタックやボクシングのようにしたりしてもおもしろいでしょう。

実際に遊んでみました！

現場からのコメント

「届くかな？」の声で子どもはすぐに反応していました。「すごいね～」「じょうずね」と声をかけると、どんどん意欲的になり、「もういっかい」と言ったり、ジャンプをしてタッチしようとしたりする姿が見られました。

確実に届くぐらいの高さにすると、逆に触ろうとする姿が見られなくなりました。触れるか触れられないかくらいがいちばん楽しいようです。

発達がわかる 遊びのツボ　体を伸ばす運動

「届くか届かないか」というギリギリの高さに手を伸ばすことが、体全体を伸ばすことにつながります。また、タオルに触れる感覚を楽しみ、「もう1回！」という意欲を持てるようにもなります。

さぁ、のぼるぞ

お山サーキット

マットの下に保育者が入り、「どうぞ」の合図で子どもが山に登ります。繰り返して楽しみましょう。

準備物＊マット数枚

実際に遊んでみました！ 現場からのコメント

登っていても保育者に気づかない子どももいましたが、繰り返して遊ぶうちに、保育者の顔をのぞき込むなど、ほほ笑ましい雰囲気の中で取り組むことができました。

サーキットの一部に組み込んで行ないました。マットの下に人が入っているということで、踏んで山を登ってもいいのかな？と子どもなりに初めはとまどい、立ち止まっていましたが、一度経験すると、感触や踏める楽しさを感じて遊んでいました。

発達がわかる遊びのツボ

みずから動く姿を大切に

マットの下に保育者が入ることで、子どもにとって親しみの持てる山になります。その山を登り降りすることで子どもは意欲的に体を動かそうとします。みずから動く子どもの姿を大切にしてあげてください。

じょうずに歩けるかな？

マットで遊ぼう ～デコボコ編～

準備物＊マット、ウレタン積み木や箱など（乗っても壊れないもの）
・少し間を空けてマットを縦に並べる（降りてきたときにひと呼吸つけるように）。
・マットの下に積み木などを置いてデコボコさせる。

一定方向からデコボコのマットの上を歩きます。初めはひとりで、慣れてくると友達といっしょに歩くことで楽しさが倍増します。

実際に遊んでみました！ 現場からのコメント

デコボコの道を不思議そうに見ていた子どもも、自分から進んで足を踏み入れていました。バランスを取り損ねて手を付くこともありましたが、徐々にバランスを取って進もうとしたり、友達と並んで歩くことでうれしそうな表情を浮かべたりしていました。

発達がわかる遊びのツボ

デコボコの感触を楽しむ

最初は下に何も置いていないマットを歩くことから始めます（31ページの「マットで遊ぼう」を参照）。その経験が基盤となり、デコボコのマットでも意欲的に取り組もうとします。初めはデコボコにとまどいもありますが、しだいに慣れ、足の感触を楽しみながらバランスを取ろうとします。また、平衡感覚や手を付いたときの反射神経なども養われます。友達といっしょにチャレンジすることにより、やる気もアップします。

おまかせ！なんでもあそび 0歳児

歌あそび

あめあめぽっちん！

じょうずに手拍子打てるかな？

『あまだれぽったん』を歌いながら、子どもは保育者と顔を見合わせてリズムに合わせて手拍子をして楽しみます。

ぽったん たん

『あまだれぽったん』　作詞／戸倉ハル　作曲／一宮道子

♩=110
C G C
あまだれ ぽっ たん ぽっ たん たん つぎつぎ ならんで
C G C
ぽっ たん たん ぽっ たん ころころ どこへいく

発達がわかる 遊びのツボ　まねする楽しさ

歌に合わせてリズムを取ることで、「手をたたく」ということを理解していきます。すぐにまねはできませんが、まねようとする楽しさを味わっているのです。保育者はしっかりと向き合い、子どもに合わせて楽しみましょう。

実際に遊んでみました！

現場からのコメント

初めは保育者の歌に合わせて頭を横に振り、楽しんでいました。「いっしょにたたこう」と声をかけ、繰り返すうちにたたこうとするようになり、そのうちに「…たん」といっしょに歌う姿も見られました。

詳しくは48ページへ！

にぎにぎ ぎゅ～

しっかり握ってみよう

準備物 ＊ **ハンドタオル**
・タオルを丸めて筒状にする。（いろいろな太さがあってよい）

子どもといっしょにタオルを持ち、「にぎにぎぎゅ～」と言いながらしっかりと握らせます。

にぎにぎ ぎゅ～

ぎゅ～

実際に遊んでみました！

現場からのコメント

「ぎゅ～」のところでは、子どもも「ぎゅ～」と声に出して楽しんでいました。太く丸めたものほど握ろうとする意欲は高くなるのか、何度も握る姿が見られました。長いタオルの場合は、握りながら引っ張っていました。

発達がわかる 遊びのツボ　しっかりと握る力をアップ

発達上、子どもは小指側から力が入るようになるので、しっかり握るという行為は得意です。握る時間が長くなると、オムツ替え後にあおむけから保育者の指を握って起き上がってこられるようにもなるのです。

出てくるかなぁ～

いない いない ばあ～②

準備物 ＊ ガーゼ

保育者は顔にガーゼをかぶせて「いない いない…」と言います。「ばぁ～」と同時に子どもにガーゼを取ってもらい、顔を見合わせて楽しみます。

発達がわかる 遊びのツボ 子どものタイミングで

33ページでは「ばぁ～」のタイミングを保育者が取っていましたが、今回は子どものタイミングで「ばぁ～」ができます。すぐにガーゼを取って顔を見たがる子、じらしてなかなか取らない子など、子どもなりにいろいろ考えています。そんな個性が簡単な遊びから見えてくるのです。

実際に遊んでみました！ 現場からのコメント

「ばぁ～」の後、余韻を楽しむようにしばらくの間保育者と顔を見合わせていました。繰り返すうちに、自分の顔にガーゼをかぶせ、「ばぁ～」とやって見せる姿もありました。

トンネルの中に何かある？

マットで遊ぼう ～鈴にタッチ編～

トンネルをくぐり、途中で鈴にタッチします。

準備物 ＊
マット、フープ、鈴を付けたひも
- フープにマットを差し込んで、半円状のトンネルを作る。
- トンネルの真ん中に鈴を付けたひもを付ける。

発達がわかる 遊びのツボ 興味を持たせる工夫を

トンネルを少し怖がる子も、鈴を付けるなどの工夫をすると「あれはなんだ？」と思い、意欲的に中に入ろうとします。鈴を触ろうとしてつかまり立ちにも発展するかもしれませんね。

実際に遊んでみました！ 現場からのコメント

鈴が視界に入ると、笑顔でトンネルの中に飛び込む姿が見られました。1回だけではなく何度も鈴に触れ、鈴の所で立ち止まってしまっても、反対側から保育者が名前を呼ぶとうれしそうに進んでいました。

今月のふりかえり

実際に遊んでわかった！ 保育者の学びの目と芽

4・5歳児

37ページ **ジャンケン ハイ&ロー** より

ルールと動きのつながり

ジャンケンには勝敗はあっても、ゲーム自体に勝敗がないので、かえって楽しく、いつまでも続いた遊びでした。ジャンケンの結果で、①トンネルか四つんばいのどちらかに変身、②変身したものの動きを行なう、③変身したもので次の相手を探す、という**〝ルールと動きのつながり〟がわかりやすかったことが長続きの要因**だと感じました。

楽しい遊びの中には、ルールがたくさんあって複雑なものもあります。そういった遊びをする前に、簡単なルールの遊びをたくさん楽しんだり、ルールの基本的な要素を抜き出して遊んだりする工夫ができれば、心地良く何度も繰り返し活動でき、それが**関係性を深めるための工夫や配慮**だと思いました。

2・3歳児

43ページ **バタバタでニコニコ** より

しぜんな姿が新たな遊びにつながった

当初この遊びはタオルに玉を乗せて「協力して運ぶこと」を意図していました。しかし、子どもたちはタオルに玉を乗せた瞬間に〝バタバタ！〟と腕を動かし始め、散らばる玉を見て何度も楽しそうに繰り返していました。こちらの意図と違ったので、もう一度「運ぶこと」を促したのですが、子どもたちは〝バタバタ〟をやめませんでした。その姿を見たときに、**こちらの意図と子どもの興味にズレがある**と感じました。そこで、タオルだと扱いにくそうだったので、フープにビニールを張ることを思いつき、**子どもの興味に寄り添う形に工夫**したら大成功でした。意図したことと違ったことを子どもがしたときに、「子どもの理解力がない」と評価するのではなく、「保育者側の意図が合っていない」と受け止め、寄り添うことが大事だと気づきました。**保育者が投げかけた活動が子どもの興味や関心に合致している**かをよく観察し、遊びを工夫することが大切です。

0・1歳児

46ページ **あめ あめ ぱっちん！** より

心の動きを大切に

乳児が一点を眺めて集中しているとき、何を考えているのでしょう？ **周囲の保育者や友達の動きをじっと見つめていることも、大きな学び**であると感じます。しかし、子どものそういった姿を見つけるとついつい保育者は「きっと、これがしたいのかな」と先回りして手をかけて「援助」したくなります。「あめ あめ ぱっちん！」のような遊びでは、〝できる〟〝できない〟とは関係なしに「自分でしようとする姿」があるか、「興味を示してじっと眺めている」かどうか、そこが子どもの育ちの「芽」であると感じる保育者の「目」が必要です。

ちょこっと解説

遊びのこと子どものこと

1 ルール理解と子どもの考える力②「ルールは守るもの!?」

37ページの「ジャンケン ハイ&ロー」は、全体がひとつのルールを共有して関係性を深めていくゲームです。ルールの浸透不足を避けるために、段階的に発展させることによって、みんなが快く理解できる方法です。しかし、それよりも意義深いのは、曖昧《あいまい》な理解をしている子どもがほかの子どもに「そうじゃなくて、こうだよ！」と言われて少し苦さを味わいながら学ぶ姿にあります。保育者に「こうだよ」と指導されるのとまったく異なる大きな意義があります。一方、43ページの「バタバタでニコニコ」のように保育者が考案した方法と異なる動きをした場合、子どもから学ばせてもらった、と感じる保育者の感性が重要です。子どもたち自身が作ったひとつのルールだからです。

2 夏になる前に運動をすることが熱中症対策

近年、夏になると熱中症になる子どもが多くなりました。日ざしの強い所で長時間遊ばないようにして、こまめに水分補給をするように努めてもなかなか減少しません。熱中症対策のひとつとして、「真夏になる前にしっかり汗をかくこと」が大事であるといわれています。特に乳児は夏になる前にしっかり汗をかくことで汗腺の数を増やします。6月は、梅雨で蒸し暑い季節ですが、室内外を問わず、しっかり運動をして汗をかいて、熱中症の予防に努めたいものですね。

3 乳児の遊び環境と意図性

乳児は、言葉数が少ない分、たくさんの探究心を持ち、大人の認識の及ばないところで深い学びの活動を行なっています。ですから、乳児自身が興味を持って遊べるような環境をいかに設定するか、そこを考えることが大事です。一方、投げかけた遊びに興味を示さなかったとき、どうふるまいますか？ 46ページの「あめ あめ ぱっちん！」は保育者の〝投げかけ〟に対して〝じっと見ている〟姿がありました。そこに価値があります。手を添えていっしょにさせようとするのは、子どもにとっては不愉快で、探究心や好奇心を壊してしまうことがありますから、十分に注意してください。

7月の箱

4・5歳児	ちょこっとあそび	P.50
	じっくりあそび	P.52
2・3歳児	ちょこっとあそび	P.54
	じっくりあそび	P.56
1歳児	おまかせ！なんでもあそび	P.58
0歳児	おまかせ！なんでもあそび	P.60
ふりかえり	実際に遊んでわかった！ 保育者の学びの目と芽	P.62
ちょこっと解説	遊びのこと子どものこと	P.63

ちょこっとあそび
4・5歳児

水に浮く感覚のきっかけに

ザブーンで波をつくろう

準備物 ＊ カラーボール数個
・プールに浮かべておく。

クラス全体で半分に分かれてプールの両端に立ちます。一方が「せーの」のかけ声とともに、その場で少しジャンプしてから、ザブーンとしゃがみ、手で水を前に押すようにして波をつくります。間隔を空けずに、反対側のグループも同じように波をつくり、繰り返して大きな波をつくって楽しみましょう。カラーボールの動きで、波が起こっていることが実感できます。

※円形プールの場合は、中央付近とプールサイド（壁）とに分かれてするとよいでしょう。

波が大きくなってきたら、
「ザブーン」のタイミングを少しゆっくりにします。

実際に遊んでみました！ 現場からのコメント

少人数用の小さいプールでは、ジャンプせずに「立って座る」を2チームで交互にするだけでも十分に波は起きました。

大きいプールでは、その場でジャンプするだけでは波があまりできなかったので、前方にダイブするようにしました。プールの大きさや人数によって波のつくり方を工夫する必要があるように感じました。

発達がわかる 遊びのツボ

水に浮く感覚＆仲間意識を感じる

波が大きくなれば、波に乗りながら自分の体が水に浮く状態も楽しめるようになってきます。また、ひとりの力では波はつくれませんが、仲間といっしょにすることで大きな波が生まれるという一体感も感じられます。

くぐって、つながって
エンドレストンネルくぐり

初めは立った状態のトンネル→ひざ立ちのトンネル→水面につないだ手をつけたトンネル（潜ってくぐる）、というように、子どもたちの水慣れの度合いに合わせて、トンネルの高さを決めていきましょう。

1

6人組になり、3人が手をつないでトンネルをつくります。残りの3人はトンネルをくぐって中に入ります。中に入ると3人は手をつなぎ、広がってトンネルをつくります。トンネルだった3人は手を離して、同じようにトンネルをくぐって中に入ります。

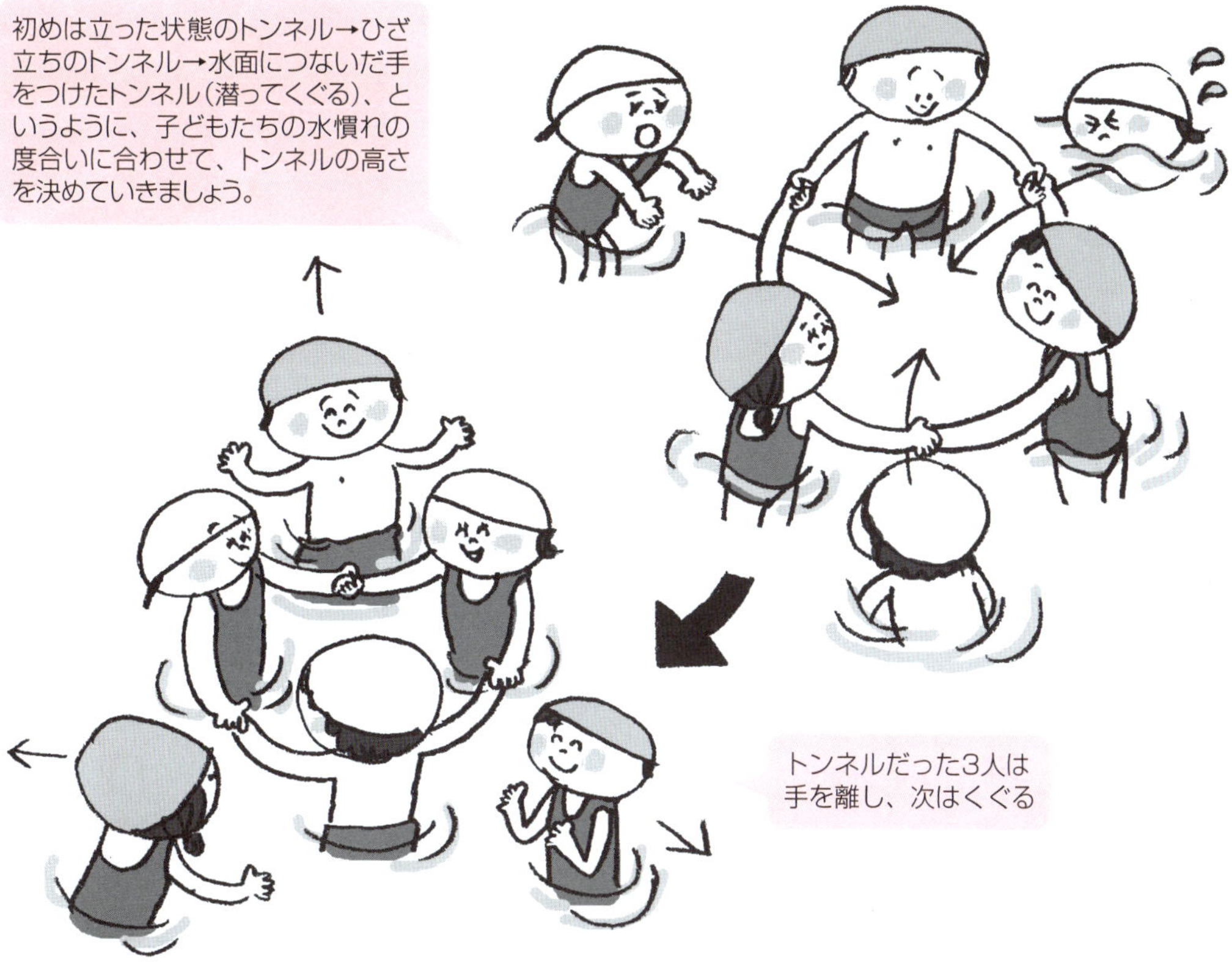
トンネルだった3人は
手を離し、次はくぐる

2

同じ要領でくぐる&トンネルを交互に繰り返し、やり方がわかったら、時間（10秒、20秒 など）を決めて、何回くぐれるかなどを数えて楽しみましょう。

1・2・3・・・

実際に遊んでみました！ 現場からのコメント

「ぼくもぐれるからもっとしたでもいいよ」「もうちょっとうえにして」など、自分の楽しみ方やレベルに合わせてトンネルをつくってもらう姿が見られました。くぐるときは三人三様ですが、トンネルになると一体感が生まれており、心身共にめりはりのある遊びでした。

発達がわかる 遊びのツボ

仲間のトンネルをくぐる、仲間とトンネルをつくる

くぐるとき、つながってトンネルになるとき、交替するときに、子ども同士のかかわり合いが生まれます。かかわり合いがあることで、楽しさが感じられるようになってきます。

じっくりあそび

4・5歳児

タコタイダイブ

ダイブで逃げて、捕まえて

1

全体を2チームに分けて、向かい合って並び、「タコやき」チームと「タイやき」チームに名前を決め、「タコやき、タイやき、どっちたべよ、こっちかな、こっちかな」と節をつけて歌います。

2

保育者が「タタタタ…タコやき！（タイやき！）」と、どちらかのチーム名を言い、言われたチームがプールサイドに逃げて、もう一方のチームがタッチしに行きます。

※ルールに慣れてきたら、タッチされた人は相手チームの仲間になるというルールに発展させてもいいでしょう。

実際に遊んでみました！ 現場からのコメント

ふだんは顔に水がかかるのも苦手な子どもでも、とっさに捕まえようと思い切ってダイブする姿が見られました。捕まえる・逃げるということに必死になって、しぜんと水の中で大胆な動きができていたようでした。

発達がわかる 遊びのツボ

水中ならではの動きを楽しむ

陸であれば走って追いかけたり逃げたりとなりますが、水の場合は、重たい水を手でかきながら進んだり、水慣れしている子どもはダイブしたりすることができます。同じルールであっても、陸とは違う楽しみ方になるところが、プール遊びならではのよさといえます。

詳しくは62ページへ！

プールの中だと大胆プレーが続出!?

プールでメチャビー

準備＊ビーチボール

全体を赤・白の2チームに分け、さらにチームの中で前半組・後半組に分けます（4～5人ずつくらい）。プールの両サイドに保育者（または子ども）が立ってゴールマンとなり、ボールをパスしながらゴールを目ざして、点数を競います。後半組は前半組を応援し、3～4分で前半組と後半組が交替します。

《ルール》

- 赤チームの子どもは赤のゴールマンにボールをパスしてキャッチできたら1点（白は白のゴールマンにパスしてキャッチ）。
- 相手を捕まえたり、持っているボールを奪ったりするのは反則（パスカットのみOK）。

実際に遊んでみました！ 現場からのコメント

パスやシュートをしたり、水面にぷかぷか浮いているボールを追いかけたり、といろいろな場面が生まれ、どこにいくかわからないボールの動きに合わせようと必死になることで、水の中でのさまざまな身のこなし方が身についていくように感じました。

前半・後半に分けることで、仲間を応援する雰囲気も出て盛り上がりました。また、思い切り動くので、応援の時間は休憩する機会にもなっていたようでした。

発達がわかる遊びのツボ チーム意識が芽生える時期

チームの人数を4～5人程度にすると、ボールに触れる機会を多くすることができます。また、あえて前半と後半に分けることで、外に出ている子どもが同じチームの仲間を応援できるような状況をつくり、仲間同士で協力したり、励ましたりしてチーム意識をはぐくむことができます。

詳しくは62ページへ！

ちょこっとあそび
2・3歳児

程よい水の量だからへっちゃら！

ホース de あちこちシャワー

プールサイドに固定したホースから水を出し、子どもは手に持っているコップや皿に水を入れたり、手や体で水に触れたりして遊びます。

準備物 ＊ **ホース、コップや皿などの玩具**
・ホースに約30㎝間隔で穴をあける。
・ホースの先をテープなどでふさぐ（市販のジョイント器具を使ってもよい）。

ホースはプールサイドに養生テープなどで固定する
きゃー！

実際に遊んでみました！ 現場からのコメント

水の出口が1か所の場合、場所の取り合いなどが起こることもありますが、数か所から水が出てくるので、ひとりひとりの場所も確保され、子ども同士がかかわり合いながら遊ぶことができました。

最初はコップや皿に水をくんで水と間接的に遊んでいた子も、水が出るペースが一定であることがわかってくると、手や体を出してダイナミックに遊ぶ姿が見られました。

詳しくは62ページへ！

発達がわかる 遊びのツボ

大人数でも安心して水遊び

1か所から大量の水が出るのではなく、数か所から少しずつ出ることで、大人数でも安心して自分のペースで水とかかわることができます。水を出す量や高さは、子どものようすを見ながら調節しましょう。

水の流れを感じよう
ジェットホース

保育者がホースを持ち、水面ギリギリのところで水しぶきが立たないように水を出します。子どもは水の流れができたところに玩具などを置いて手を離し、流れに乗った玩具を取りに行って繰り返して楽しみます。

準備物＊**ホース、浮かぶ玩具、ペットボトルのキャップ、カラーボール　など**

実際に遊んでみました！ 現場からのコメント

自由遊びの時間で、いろいろな玩具をプールの中に浮かべて遊んでいるときにやってみました。興味を示した子どもたちは、何度も繰り返しやってみようと集まってきました。

詳しくは62ページへ！

発達がわかる 遊びのツボ

流れる玩具が不思議！ おもしろい！

かってに玩具が動いているような不思議さとおもしろさがあり、子どもたちの興味・関心をかき立てます。流れていく玩具を追いかけたり、水の流れに乗せたりすることで、しぜんと水慣れにもつながっていきます。

じっくりあそび
2・3歳児

スイスイ進むよ！
フープでプールタクシー

準備物 ＊ フープ

子どもは3人でふたつのフープを持ってプールの端で長座で座ります。保育者がフープを持ってそのままプールの端まで引っ張ります。

端まで行ったらプールの両サイドを通って戻る。
わー！
それ！
スーパーマンだー！

慣れてきたらスーパーマンのようにして持ってもOK。

実際に遊んでみました！ 現場からのコメント

初めは不安なようすでしたが、繰り返すうちにだんだんと楽しさがわかり始めて、全身を伸ばして引っ張られることを楽しむ姿も見られました。このような体験が、水に対する怖さを軽減するきっかけとなるように感じました。

発達がわかる 遊びのツボ
かってに自分の体が動いている感覚

体が水に浮いたまま引っ張られていく感覚が心地良く、水中だと強く引っ張られても痛くないので、安全に水に慣れ親しむことができます。また、3人が横並びになることで安定感があり、友達といっしょという安心感も生まれます。

夢中になってしぜんに水と仲よしに

集めて集めて上からジャー

1

カラーボールをプールの中にたくさん浮かべます。子どもたちはボールを取って中央に立つ保育者が持つカゴに入れていきます。

2

全部のボールがたまったら「3、2、1、ゼロ！」で、保育者は顔の位置くらいの高さからボールを一気に落とし、子どもたちは散らばったボールを再び集めて繰り返し楽しみます。

準備物＊**カラーボール、カゴ**（すき間が空いて中が見えるもの）

実際に遊んでみました！ 現場からのコメント

ボールを集めることに夢中になって何度も楽しめました。ボールをカゴに入れる際に、ひとりひとりに「ありがとう」「○○色だね」「3つも持って来てくれたの」など、楽しく言葉のやりとりをすることで、より楽しめていたように思います。

集めている途中でカゴをひっくり返してみたのですが、せっかく集めた物を途中でむだにされてしまうことでやる気がなくなってしまうようでした。全部入れられた達成感を感じさせることも、こういった遊びでは必要なんだと実感しました。

発達がわかる 遊びのツボ　集めた物がたまっていく実感を大切に

ボールがたまっていくようすがわかるカゴにしておかないと、「集める」「たまる」ということが実感できず、集めることをやめてしまう場合があります。また、いろいろなタイミングでボールを出すと、遊びに見通しが持てなくなり、意欲が半減してしまうので、「全部入れたら上からジャー」というように、パターンを決めて繰り返しましょう。

★詳しくは62ページへ！

おまかせ！なんでもあそび 1歳児

1歳児で科学の芽!? 不思議なコップ

準備物 ＊ **透明のコップ**
・コップの底に直径5〜7㎜の穴をひとつあける。

プールの中で水をくみ、底から出てくる水を見て楽しみます。水が減っていくことに気がついたらまた入れて、繰り返して遊びます。

じーっ

発達がわかる遊びのツボ　不思議さに気づく

コップに水を入れるという単純な遊びですが、子どもながらに水が出る不思議さに気がつき、遊びを繰り返します。すると今度は水が減るという点に気がつき、また水を入れます。このような遊びを繰り返すことで、科学の心の芽生えにつながります。

★詳しくは62ページへ！

実際に遊んでみました！ 現場からのコメント

底から水が出てくるのに気がつくと、水をくんでは底から出てくる水を、集中してじーっと眺めていました。しばらく遊んでいるとコップの水位が少しずつ減っていることに気づき、底から流れている水と、減っていくコップの水位との関係性を発見しているようでした。

歌あそび 気がつけば、水なんて怖くない コブタヌキツネコで水慣れ手遊び

子どもはプールに座り、保育者はプールの中に手をつけておきます。ぬれた手で子どもにタッチして楽しみます。

♪こぶた

手で子どもの鼻を触る。

♪たぬき

おなかをさする。

♪きつね

手でキツネをつくり、ほおにちょんちょんとタッチ。

♪ねこ

ニャ〜

水の中から「ニャーッ」と勢いよく手を出して、いっしょにポーズ。

2番も同じように繰り返す。

発達がわかる遊びのツボ　水に慣れ親しむ

子どもは水の中に入ると、恐怖心が頭のどこかにあるものだと思います。楽しい手遊びを通して水に少しずつ触れることで安心感を持つことができ、しだいに水に慣れ親しむことができるようになってくることでしょう。

実際に遊んでみました！ 現場からのコメント

みんな知っている歌なので、スムーズにできました。ただ、ネコのときに勢いよく手を上げると水がかかりすぎて子どもが怖がってしまうので、力加減が必要だと思いました。

『コブタヌキツネコ』　作詞・作曲／山本直純

こ ぶ た　た ぬ き　き つ ね　ね こ　ブ ブ
ブー　ポンポコポン　コ ン コン　ニャー　オ　こ ぶ
た　た ぬ き　き つ ね　ね こ　ブ ブ
ブー　ポンポコポン　コ ン コン　ニャー　オ

おっ? くっつくぞ!?

タオル ぺったん

準備物 ＊ フェイスタオル(薄いもの)を15×15㎝に切ったもの

プールの中にタオルを入れます。子どもが興味を持ったら、保育者は自分の体にぺったんと付け、子どもも自分の体に付けたり、保育者の体に付けたりして楽しみます。

実際に遊んでみました! 現場からのコメント

初めはタオルを広げてつかむことが難しいようすでした。しかし、ひとつひとつ伝えていくと、タオルの端をじょうずに持って保育者のおなかに付けていました。

遊びに満足した子どもは、プールの端に、洗濯ものを干すように広げて並べていました。時間がたつと、乾いて落ちたときに、「あら、落ちたね」と言うとうれしそうにしながら、また水につけて広げてくっ付けていました。繰り返し遊べたのでよかったです。

発達がわかる遊びのツボ スキンシップが深まる

身近なタオルを使うことで安心感が得られます。水にぬらすことで形が変わり、重くなることを感じながら、保育者の体にタオルがくっ付くことを知り、自分からかかわりを求める姿が見られます。また、タオルを付け合うことでしぜんにスキンシップが深まります。

すすぎジャブジャブ きれいになった?

洗濯ジャブジャブ

プールの中に座り、「洗濯屋さんごっこをしよう」と声をかけ、保育者は子どもの体を手でごしごしします。「さぁ、最後にすすぎをします!」と言って、子どもの体をしっかりと持って、足を左右に揺らし、ジャブジャブと水につけてすすぎます。順番に繰り返し、楽しんでいる子には何度も繰り返してあげましょう。

発達がわかる遊びのツボ 水への怖さも消える

洗濯という子どもにもなじみのある生活の一場面を、プールで再現することで、子どもなりに安心感が芽生えます。そうすることで水への怖さも消え、少しダイナミックな活動を取り入れても、楽しさを感じられるようになってくるでしょう。

水につかるのがだいじょうぶな子どもには、腰までジャブジャブしてあげましょう。

実際に遊んでみました! 現場からのコメント

すすぎの場面では、「きゃーっ!」と声を上げながら笑顔がいっぱいで喜ぶ姿が見られました。水面に足が着くと笑い、足を上げたり下げたりとおのおの楽しんでいる姿が見られました。回数を重ねるうちに、「もういっかい」と言う子どもが増え、水の怖さがなくなってきたようでした。

おまかせ！ なんでもあそび 0歳児

これ、なんだ？ ぐにゃぐにゃ ペンペン

準備物 ＊ビニールシート、ジッパー付き保存パック

戸外の日陰や保育室にビニールシートを敷き、水を入れたジッパー付き保存パックをあちらこちらに置きます。パックをたたいて子どもにアピールし、いっしょに触って楽しみます。

ペンペン

発達がわかる 遊びのツボ 水の感触や冷たさを感じる

「あれはなに？」という興味を持つと、子どもたちは近づいてきます。ジッパー付き保存パックだと室内でも遊べますので、月齢が低い子でも水の感触や冷たさを感じることができるのです。

実際に遊んでみました！ 現場からのコメント

初めは不思議そうにしていましたが、触ると揺れるパックが徐々におもしろくなったようで、ペンペンと何度もたたいていました。また、水に食紅などを混ぜて色水にしたり、スパンコールなどを入れたりすると、違った楽しさも体験できました。

歌あそび びっくりしないでね だるまさんのぷ〜！

保育者は両手に水をすくってスタンバイします。『だるまさん』を歌いながら、「♪わらうとまけよ、あっぷっぷ」のところでフーッと水を吹きます。

ぷーっ！

発達がわかる 遊びのツボ 楽しい水慣れ

初めは少しずつ、だんだん水に勢いをつけて進めていくことで、徐々に水がかかることに慣れていきます。歌をうたいながら、「♪あっぷっぷ」で水がやってくる、ということを理解し、回を重ねるごとに期待が膨らんできます。

実際に遊んでみました！ 現場からのコメント

水が苦手な子もいるので、初めはようすをうかがいながら、水面や体のほうに向かって吹いていました。だんだん慣れてくると、大胆に吹いても楽しめるようになりました。

『だるまさん』 わらべうた

だ るまさん だ るまさん に らめっ こ し ましょ
わ らう と ま けよ あっ ぷっ ぷ

じょうずに握れるかな？ ギュ〜でポタポタ

準備物＊**スポンジ、カップ など**

プールの中でスポンジを水につけて持ち上げたら、ギュッと絞って遊びます。カップを持って下から受け止めてもいいですね。

実際に遊んでみました！ 現場からのコメント

不思議そうに、くい入るような目で落ちていく水を見ていました。下にカップなどを置くと、落ちていく水の“的”として微妙にカップの位置をずらす姿が見られ、すごいなぁと驚きました。

発達がわかる遊びのツボ スポンジを通して水への興味に

スポンジを持っただけで水がポタポタと落ちていきます。子どもは不思議そうな顔でそのようすをじっと見ています。落ちなくなっても、握るとまた水が落ちるというおもしろさに興味を示して、自分から積極的に水にかかわっていく姿が見られます。

うわぁ〜出てきた！ ボコボコッ！

準備物＊**カップ**（水深に合った大きさのもの）

水を入れたタライやプールの中で、カップを下に向けて、そのまま沈めます。「見ていてね」と言って子どもに注目してもらい、カップを裏返してボコッと泡を出します。

発達がわかる遊びのツボ 意思表示のきっかけにも

裏返したカップをひっくり返したら、なぜか泡が出てきた…という状況を不思議がりながらも、自分でもやってみようという気持ちになっていきます。自分でできない子どもは保育者に「やって」とせがんで、意思表示もできていきます。

実際に遊んでみました！ 現場からのコメント

ボコッと音が鳴ったら、一瞬びっくりしたような表情をして、それからニコっと笑顔に変わる姿がとてもかわいかったです。じーっと見ていて、泡を捕まえようとする姿もありました。

今月のふりかえり

実際に遊んでわかった！

保育者の学びの目と芽

4・5歳児

52ページ　タコタイダイブ
53ページ　プールでメチャビー　より

プールの時期はチームや仲間をはっきり認識し始める時期

『タコタイダイブ』も『プールでメチャビー』もチーム分けをして行なうゲームです。プールという限られたスペースでは、2人組や3人組といった**小グループでかかわり合える集団ゲームが望ましい**と思います。狭さゆえに集中しやすく、子ども主導でできるようになります。チームに分かれた子どもたちを見ていると、しぜんと仲間を応援したり、反対に「あのチームには負けないぞ」といった、対抗意識を持ったりする姿も見られるようになってきます。

4月から約3か月過ぎたこの時期に、プールという小さく限られた環境であるがゆえに、**新しいクラスの中でのチーム意識や仲間意識がはっきりした形となって表れてくる**のではないかと感じました。

2・3歳児

54ページ　ホースdeあちこちシャワー
55ページ　ジェットホース
57ページ　集めて集めて上からジャー　より

「見通し」があるから安心できる・楽しめる

2、3歳児の子どもたちには、恐怖心が伴うプールの中や水に対して、**安心できるような環境を設定するとともに、ことばがけなどの配慮が必要不可欠**であることをあらためて実感しました。一定の水量で遊ぶ『ホースdeあちこちシャワー』、不思議さをかき立てつつも水しぶきは立たない『ジェットホース』、集めたボールがたまっていくようすがわかる『集めて集めて上からジャー』など、どれも子どもたちにとって「予測」が可能なこと、つまり「見通し」を持てていることが安心して楽しめるポイントになっています。保育者は子どもたちがあっと驚くようなアイディアを生み出すことと同時に保育者自身のかかわり方としても、子どもたちが安心し、見通しが持てるような働きかけをすることを忘れないように心がけたいものです。

0・1歳児

58ページ　不思議なコップ　より

笑顔の中に〝科学の心〟の芽生え

人は生まれたときから〝科学の心〟が備わっているようです。0歳児でも『不思議なコップ』に夢中になるのはごくしぜんなことです。コップの中に水を入れ、底から出てくることに気がつきます。そして、また水を入れる。しばらくすると透明のコップなので、水の量がだんだん減っていることに気がつきます。そしてまた水を入れる。これを何度も繰り返す姿はまさに科学者そのものです。私たち保育者はそんな子どもたちの姿から、**さまざまなことを不思議に感じて試してみる〝科学の心〟**を教えられているような気になりました。

ちょこっと解説

遊びのこと子どものこと

1 プール期にいっそう高まる仲間意識

「水の中」という愉悦《ゆえつ》感あふれる環境では、自由に遊ぶことが基本です。そこでは「見て見て！」と自分のしていることに共感を求めてきますから、しっかり受け止めてください。泳ぎに向けて、ロケットになってけのびをしたり、バタ足などをしたりして泳ぐ感覚を自分なりにイメージする場面があってもよいと思います。保育としてもっとも価値があるのが《集団ゲーム》で、本編で毎月紹介しているような〝ふれあい遊び〟のプール版です。室内より狭いので、そのぶん、身体接触の機会が増えます。水の抵抗があるので、そのぶん、より大きな力を出してゲームに参加します。また転んでも痛くないので、そのぶん、より大胆なぶつかり合いが生まれやすくなります。そのような環境や条件の下での仲間意識の育ちは格別で、それが9月の運動会に向けた協同的な活動につながるとイメージしてください。

2 水の怖さを楽しさにするために

子どもにとって夏場の水は最上級の遊び友達です。しかし、それぞれが自分のしたいことに挑もうとするとき、ふいに顔に水をかけられるのは迷惑であり、潜っているとき背中に乗られたりすると、苦しくなって恐怖心を抱くことがあります。ですから私たちは「自由遊びタイム」のときは、水かけを〝禁止〟にしています。〝禁止〟する一方で〝水かけ大会〟と称して、2チームに分かれて「水かけタイム」を設定します。合図とともに始まり、合図とともに終わります。水がかかる不快感や息苦しさも、ゲームとして一定の時間だけのことであれば納得できます。このようなめりはりのある展開は「2・3歳児における見通しの持てるような遊び環境の設定」と同様、子ども自身が見通しを持つために必要なことだと思います。

3 乳児にも必要な〝科学の心〟を満たす遊び環境

最近の脳科学や神経科学の進歩はめざましく、赤ちゃんは〝生まれながらにして科学者である〟といってよいほど有能な学び手であることがわかってきました。ですから、これまでのように神経系の発達を促すために微細運動をする玩具環境を設定して、作業をするように手指を動かして未分化から分化へと促す考え方だけでは不十分だと思います。58ページの『不思議なコップ』にあるように、遊び環境を「実験室」と「実験器具」のようなとらえ方をして「科学ができる環境」「〝科学の心〟を満たす環境」を設定するという考え方も必要ではないかと思います。

8月の箱

異年齢（2～5歳児）	ちょこっとあそび	P.64
	じっくりあそび	P.68
1歳児	おまかせ！なんでもあそび	P.72
0歳児	おまかせ！なんでもあそび	P.74
ふりかえり	実際に遊んでわかった！保育者の学びの目と芽	P.76
ちょこっと解説	遊びのこと子どものこと	P.77

ちょこっとあそび 異年齢 2～5歳児

夏期休暇などで出席人数が減り、異年齢児保育が多くなる８月は、
２～５歳児の異年齢で楽しめる遊びを紹介します。

その場で簡単、すぐに遊べる！

いろいろ交替遊び

年齢ごとに役割を決めて、いろいろな動きを楽しみます。合図で役割を交替し、繰り返しましょう。

トンネル

４歳児と５歳児が手をつないでトンネルを作り、３歳児がくぐる。合図で役割を交替。

ジャンプ

ふたりが長座をし、ひとりが足をジャンプ。

ふたりがうつぶせになり、その上をジャンプ。

タッチ

座っているふたりにタッチ＆握手。

実際に遊んでみました！ 現場からのコメント

トンネルや長座などをするときに、隣同士でくっついて、つながることがありました。長いトンネルになって、それも楽しかったのですが、トンネルの数が少なくなるため、くぐる子どもが渋滞していました。長座がつながると、ジャンプのときに足や手を踏まれることがあったので、そのときは一度遊びを止めて“危ない状態”を実際に見せて気づけるようにしました。それでもくっついてしまう場合は、個別に離れるよう促しました。

発達がわかる 遊びのツボ

単純な動きの繰り返しで、異年齢でも迷わずに遊べる

同じ動きだけを繰り返し行なうことがこの遊びのポイントです。5歳児だけであれば、動きのバリエーションは意欲づけになりますが、異年齢の場合、動きは変えずに繰り返すことによって、年長児から年少児へ動きを伝えやすくなり、異年齢での遊びを楽しめるようになります。

簡単な動きで、みんなが楽しめる

イモムシリレー

1

6～8人のグループに分かれ、足を肩幅ほどに広げて1列に並びます。後ろの子どもが、前の子どもたちの足の間をくぐりながら列の先頭を目ざします。後ろの子どもが自分の足をくぐったらどんどんスタートし、くぐり終えたら、立って先頭になります。

各グループ同じ方向に並び、ぶつからないよう配慮しましょう。

2

要領がつかめたら、スタートとゴールを設定し、競い合ってもいいでしょう。

実際に遊んでみました！ 現場からのコメント

年齢によって身のこなしと理解のスピードが異なるので、要領がつかめるまでは、競い合わずに動きを楽しみました。要領がつかめたころに競い合うと、スピードも速くなっておもしろくなりました。

グループの人数が多すぎたり、少なすぎたりすると、待つ時間が長くなったり、慌ただしくなったりしてしまうので、6～8人くらいの人数がちょうどよかったです。

★詳しくは76ページへ！

発達がわかる 遊びのツボ

力の差に関係なく、みんなで楽しめる

単純な動きをみんなでいっしょに繰り返し、どんどん前に進んでいくのが楽しい遊びです。単純な動きの繰り返しなので年齢や力の差に関係なく、みんなで協力しやすく、楽しさも共有しやすいでしょう。隣のグループと並んですることで、競い合う感覚もわかりやすくなり楽しめます。

みんなでワイワイ、どっちにしよう？

グーパーどっち!?

1

異年齢の3人組になり、手をつないで座ります。保育者はジャンケンマンになり、「はないちもんめ」のように、ジャンケンマン：「相談しましょ」、全員：「そうしましょ」と歌い、グループで「グー」か「パー」のどちらを出すか相談して決めます。

2

決まったら「き～まった！」と立ち、一斉にジャンケンマンと「グー」か「パー」のジャンケンをします。

3

ジャンケンマンと同じ→グループで電車になって歩く。異なる→グループでしゃがんで電車になって歩く。また、ジャンケンマンからの「相談しましょ」の合図で繰り返します。

実際に遊んでみました！ 現場からのコメント

相談は5歳児を中心にしていましたが、2～3歳児は、グループで決めたものとは違うものを出してしまう場面がありました。でも、すぐに教え合ったり、決めた後に5歳児が2～3歳児にもう一度伝えたりして工夫する姿が見られました。

「4～5人組になりたい」ともめていたグループがありました。3人組でないといけない内容ではなかったので、認めたところ、行なうことはできましたが、発言者が増えすぎて相談が成り立たず、なかなか決まりませんでした。

発達がわかる 遊びのツボ

年齢差があっても同じように楽しめる

選択肢がグーかパーかのふたつなので、相談する内容が、どの年齢の子どもにも明確です。繰り返し遊んでいくことで、年齢差による理解の隔たりが少なくなります。異年齢になると「教える」「教えられる」の関係になりやすいですが、この遊びでは異年齢でも対等感を味わいやすくなります。

ハラハラどきどき、一体感！

フープで競争

準備物＊フープ

1

8〜10人のグループに分かれ、フープを持つ役をひとり決めます。グループで手をつないで円になり、フープを持つ子は円の中に入って、フープを円の子の腕に通して持ちます。

2

円になった子は、一方向にまわりながら順番にフープをくぐっていき、1周を終えたら、みんなで「バンザーイ！」をします。早く1周できたグループが勝ちです。

実際に遊んでみました！ 現場からのコメント

動きながら、「もっと小さくなって」「フープを上げて」など指示し合っていました。フープを持つ子は、くぐる子に合わせてフープを斜めにしたり、高さを変えたりと、くぐりやすいように動かしていました。グループは8〜10人が程よく、これより少なくなると慌ただしくなるし、多くなると1周するのに時間がかかってしまって、楽しさが薄れていました。

グループに分かれるとき、同じ年齢で集まっていたので、年齢が混ざるようひと声かけたり、「各年齢ふたり以上集まること」と決めたりしました。また、グループのメンバーを変えながら行なうと、だんだんと年齢のこだわりも小さくなっていったようでした。

発達がわかる 遊びのツボ 円形だから、表情や姿を見て協力できる

手をつなぎ、互いの顔が見えることで、一体感を感じられます。その結果、応援したり、コツを教え合ったりする姿がしぜんと出てきます。競い合って負けたときに、同年齢だと敗因をだれかのせいにしてトラブルになることもありますが、異年齢では、並び方やフープの高さを変えるなど、工夫する姿がたくさん見られました。また、体の小さな年少児のほうがスムーズにくぐりやすいのも、この遊びのいいところです。

じっくりあそび

異年齢 2〜5歳児

役割を分担してがんばろう

玉入れハイどうぞ

玉入れのカゴの近くに台を数個置き、台に乗って玉入れをする子どもを決めます。ほかの子どもは玉を拾って台に乗った子どもに渡し、時間を決めて玉入れを楽しみます。

《ルール》

- ●玉を投げるのは、台の上に乗っている子どもだけ。乗っている子どもは玉を拾えない。
- ●台に乗っていない子どもは、玉を拾いに行けるが、投げることはできない。

準備物＊玉入れのカゴ、玉入れの玉、台

時間を決めて台に乗る子どもを交替する（全員が投げられるように順番に保育者が指名する）。

実際に遊んでみました！ 現場からのコメント

交替のたびに、ほぼ全員が「投げる役をしたい!」とアピールしていましたが、思いどおりにならず、いらだつ子どももいました。そこで、必ず投げられるように保育者が順番に指名するようにすると、納得できたようでした。

年齢によって最適なカゴの高さは違うので、2〜3歳児が投げる場合は、「手を伸ばせば入る、もしくは、少し投げて届く距離」に、5歳児は、「少し強めに投げるけれど、ジャンプはしないでよい程度の距離」にするなど、乗る台の高さを年齢によって変えると、どの年齢でも楽しめていました。

★詳しくは76ページへ！

発達がわかる遊びのツボ

順番や役割を知るきっかけに

拾って投げる本来の玉入れを「集めて渡すだけ」「もらって投げるだけ」と分担することで、ふつうの玉入れとは違う姿が現れます。どうしても「早く投げる役をしたい」という気持ちが前に出てしまいますが、それぞれの役割の経験をたくさん積み、ルール化することで、落ち着いて考え、順番・役割を知ることにつながり、見通しを持てるようになります。

ダイナミックに楽しもう

水上レスキュー

戸外でビニールシートを敷き、全面を水でぬらします。ひとりがフープを持ってうつぶせになり、ほかの子どもたちが、縄を引っ張ります。

準備物＊**ビニールシート、フープ、縄**
・フープに縄をくくり付ける。

いっしょにひっぱろうね！
つぎやろう！
そーれ！
もうちょっとだ！

よいしょ

ビューーン

実際に遊んでみました！ 現場からのコメント

縄を引く役割をやりたがらない子が多かったため、初めは保育者が何度も引っ張るようにしました。繰り返すうちに順番や見通しを持つことができ、みんなで交替する方法や順番を考えることができるようになりました。

デコボコの地面では、ビニールシートを縦長に2～4回折り畳んだり、地面との間に段ボールを挟んだりすると滑りやすくなりました。引っ張られる子どもはあまり左右に動かないので、横幅がなくてもだいじょうぶです。縄はある程度太さがあるほうが引っ張りやすかったです。

★詳しくは76ページへ！

発達がわかる遊びのツボ 役割が明確で、ダイナミックに楽しめる

夏期ならではのダイナミックな遊びです。縄を引っ張る子ども･引っ張られる子ども･順番を待つ子どもと、役割を明確にして順番に行なうことで、みんなで同じ目的に向かって活動することができます。安全に遊べるように環境を工夫し、人数が多くなりすぎないようにグループに分けるなど配慮しましょう。

みんなで対等、真剣勝負！

ジャンケン玉取り

準備物＊**玉入れの玉、フープ、カゴ、ジャンケンカード**（厚紙などに絵を描く）
- それぞれのチームにカゴ（回収箱）をひとつずつ置く。
- 中央にフープ1セット（3個）と玉入れの玉、ジャンケンカードを置く（フープの数は、3〜5人に1セットの割合になるようにする）。

2チームに分かれ、スタートの合図でフープに並び、フープに入って向かい合った子どもが、ジャンケンカードを出してジャンケン勝負します。勝ったら玉をゲットして自陣に戻ってカゴに入れ、終了の合図まで何度も繰り返します。玉の多かったチームが勝ち。

ジャンケンポン！
カードをだすんだよ
負けたら列の後ろに並び直す
まけちゃった〜
勝ったら玉を取り、自陣の回収箱に玉を入れ、またフープの列に並ぶ
回収箱
かった！
かった！
ジャンケンポン！

ジャンケンポン！

実際に遊んでみました！ 現場からのコメント

2、3歳児はジャンケンのルールを全員が理解しているわけではなかったので、後ろにいる4、5歳児に教えてもらいながら進行していました。

最初は「負けた子どもは勝つまでその場に居残り」というルールにしていましたが、負けが続くことがあったので、負けたら並び直すというルールにすると、交替が早くなり、みんながたくさんジャンケンをすることができました。

★詳しくは76ページへ！

発達がわかる遊びのツボ

対等に勝負ができ、だれにでも勝つチャンスがある

年齢や力の差に関係なく、だれもが勝つ可能性のあるジャンケン。ただ、2〜3歳児だとジャンケンについての理解度に差があるので、カードを利用することで何を選んで出すのかを明確にします。また、年長児が出すものをアドバイスするなどサポートしやすくなり、より対等に遊びに参加することができます。また、チームの勝敗が玉の数で決まるので、どの年齢の子どもにも理解しやすくなります。

ミックス&仲よしで作ろう

フルーツジュース引っ越し

準備物＊フープ数個

1

フープを床に数個ランダムに置き、年齢ごとに、それぞれのフルーツを決めます（例えば：2～3歳児はミカン、4歳児はブドウ、5歳児はリンゴなどで、帽子で色分けする）

2

保育者が「ミックスジュース！」と言うと、ひとつのフープに3種類の子どもがすべて入るように集まります。保育者は、ころあいを見て「5、4、3…」とカウントダウンをします。

ミックスジュース！
もうはいれないよ！
フープからはみ出すと、ジュースがこぼれてしまうのでだめ
さっきもここにはいった
もうひとりりきて～！
同じフープに続けては入れない
必ず３人以上入らなければいけない
リンゴ
ミカン
ブドウ

3

保育者が「仲よしジュース！」というと、ひとつのフープに同じ種類のフルーツが集まります。同じくカウントダウンをします。

仲よしジュース！5.4.3…
リンゴはこっち！

そろったー！

実際に遊んでみました！ 現場からのコメント

3、4歳児たちも、帽子を見たり、5歳児に教えてもらったりして、ひとりひとり参加することができていました。繰り返すうちに、ひとつのフープに入る人数が増えてきて、あえてはみ出しそうなフープに入ろうとし、ギリギリ感や友達との触れ合いを楽しむ姿が見られました。

同じ遊びを、同年齢でもやってみました。5歳児にとってはルールが単純で少し物足りなく、2～3歳児では逆にルールが難しかったようです。また、4～5歳児では途中でフープを移動する姿もありましたが、異年齢だと3歳児に優しく教えてあげ、リードしている姿が見られ、ほほ笑ましかったです。

発達がわかる 遊びのツボ 年齢差があるからこそ楽しめるルール

同年齢でも楽しめますが、異年齢では異年齢ならではの雰囲気が生まれます。クラスの仲間と違い、年上の子や年下の子への気遣いや気配りがしぜんに働きます。子どもの姿や傾向を見ながら、「仲よしジュース」を繰り返したり、逆に「ミックスジュース」を繰り返したりと、偏りのある展開にしてもいいでしょう。

おまかせ！なんでもあそび 1歳児

力を込めてうんとこしょ！

タオルdeシーソー

準備物＊フェイスタオル
・タオルの片端を玉結びにする。

保育者は子どもと向かい合って座り、タオルの結んだほうを子どもが持って、引っ張り合います。初めはゆっくりで、子どものようすを見ながら少しずつシーソーのようにして遊んでいきましょう。

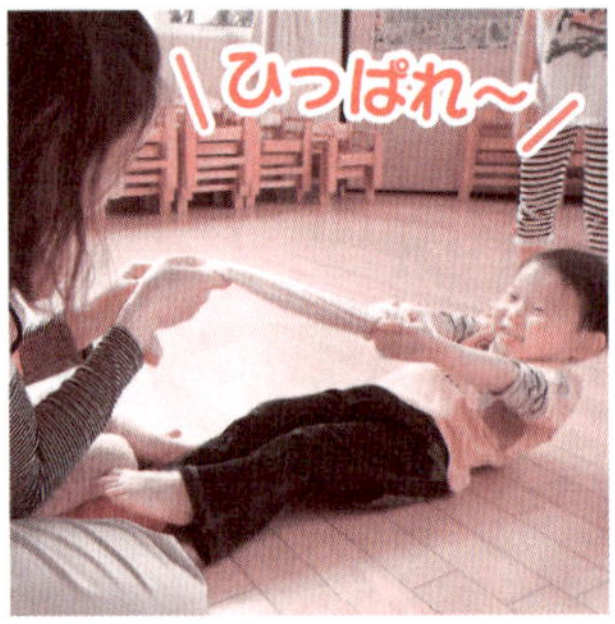

発達がわかる遊びのツボ　信頼が深まる

タオルを握ったり引っ張ったりすることで、保育者との信頼関係を深めることができます。同時に全身の力を使い、体を動かす楽しさも味わいます。

実際に遊んでみました！ 現場からのコメント

最初は、「引っ張る」ことが理解できなかったようですが、「うんとこしょ、どっこいしょ」と声をかけると、引っ張ったり引っ張られたりして遊ぶのが楽しくなったようです。「うんとこしょ、どっこいしょ」と言う保育者の言葉をまねしながらも、自分から力いっぱい引っ張って楽しんでいる姿が見られました。

自分から声を出そう！

歌あそび　リンゴがごろごろ

『グーチョキパーでなにつくろう』（作詞不詳／外国曲）のメロディーで手遊びをします。

①♪リンゴがごろごろ リンゴがごろごろ

手をグーにしてぐるぐる回す。

②♪ミカンミカンミカン ミカンミカンミカン

手はグーのまま頭に３回ずつ、ちょんちょんちょんとくっつける。

③♪ピーマンぴっぴ ピーマンぴっぴ

「ぴっぴ」のときに鼻を指で押す。

④♪キャベツはキャー キャベツはキャー

胸の前で両手をグーにして、「キャー」のときに腕を伸ばしてパーにする。

※ミカン・ピーマンのところは保育者が子どもにすると、すぐにできるふれあい遊びにつながります。

発達がわかる遊びのツボ　自分の存在をアピール

歌に合わせてテンポよく手を動かすことで、リズム感が身につきます。最後の「キャベツはキャー」のところでは、子どもが自分以外の人（保育者、保護者、友達）に向けて言葉を発します。そこで自分という存在をアピールすることにつながります。

実際に遊んでみました！ 現場からのコメント

初めは保育者のまねで終わっていた子どもも、繰り返し遊ぶことで、「キャベツはキャー」のところがいちばん好きになり、友達に向けても声を出している姿が見られました。

〜タオルの感覚が気持ち良い〜

歌あそび

ごしごしタオル

準備物＊フェイスタオル

『あたまかたひざポン』を歌いながら、タオルを使って子どもと遊びます。歌うスピードはゆっくりにしましょう。

♪あたま かた ひざ

タオルで頭、肩、ひざをごしごしする。

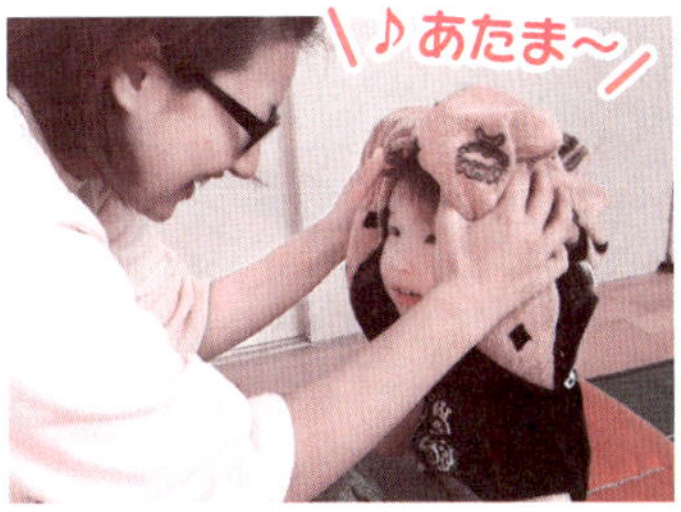
♪あたま〜

♪ポン

顔にタオルをポンと当てる。

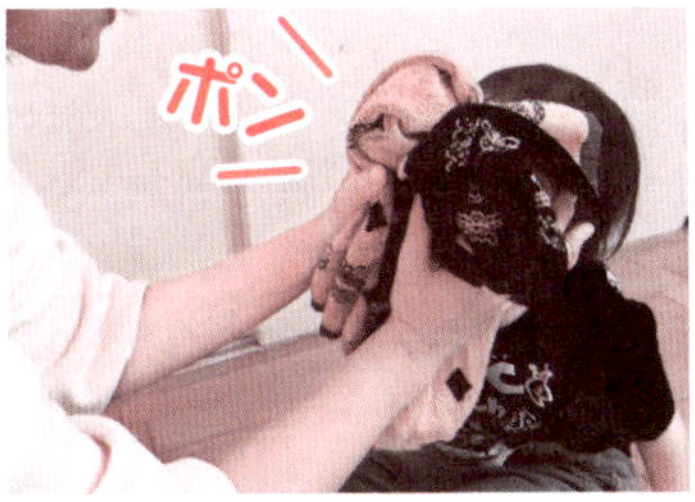
ポン

※肌の弱い子どもには強くこすらないようにしましょう。

♪め みみ はな くち

歌詞どおりにタオルでごしごし。

くち〜

発達がわかる 遊びのツボ

楽しく部位の名前を知る

タオルを通して、常に子どもとスキンシップを図ることができます。体の部位に触れながら歌うことで、「あたま」や「かた」などの言葉に慣れ親しむこともできます。また、慣れてくると、子ども自身が自分で遊ぼうとする姿や育ちが見られます。

実際に遊んでみました！ 現場からのコメント

なじみのある曲なので楽しんでいましたが、「♪ポン」のところで顔をタオルで覆われると、少しびっくりする子どももいました。そんな子どもには、タオルで「バア」と、アレンジして遊ぶことで少しずつ笑顔が増え、繰り返し遊ぶことができました。

子どもがタオルを持って、自分で頭に乗せたりひざをごしごししたりする姿も見られました。

『あたまかたひざポン』 作詞不詳 イギリス民謡

C G7 C
あ たまかた ひ ざ ポン ひ ざ ポン ひ ざ ポン
C G7 C
あ たまかた ひ ざ ポン め みみ はなくち

〜さぁ、どれだけガマンできる!?〜

マットずりずり〜っ！

準備物＊マット数枚

マットを床に2枚重ねて置き、子どもは上のマットの端をつかんで腹ばいになります。保育者はマットを持ち上げ、子どもは手を離して「ずりずり〜っ」と滑っていきます。マットから落ちても、もう1枚敷いているので安全です。繰り返し楽しみましょう。

いくよー

マットの持ち手にひもを付けて、ひもを持つようにすると低月齢の子どもでも遊ぶことができます。
※ひもを付けたままにしておくと、引っ掛かったりして危険です。遊び終えたらすぐに外しましょう。

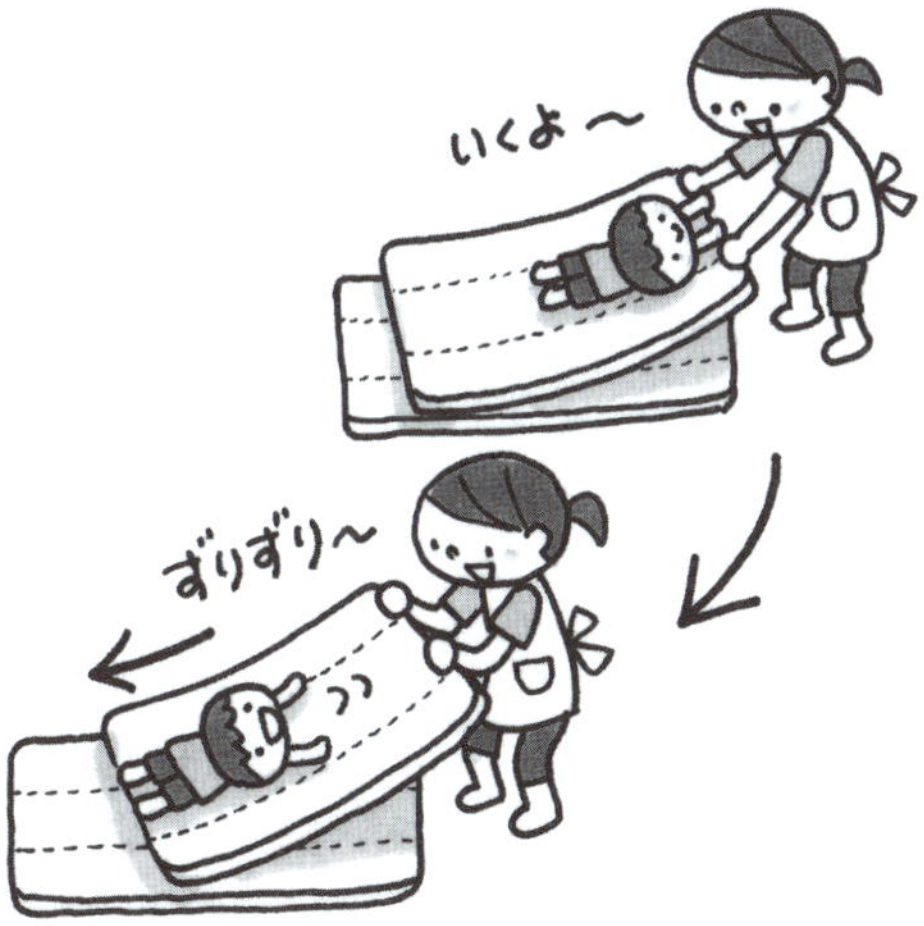
いくよ〜
ずりずり〜

実際に遊んでみました！ 現場からのコメント

徐々に持ち上げていくと、すぐに手を離さず、落ちそうな状況をあえて楽しんでいるようでした。がまんができなくなり、ずりーっと滑り落ちると安堵の表情。すぐにマットの端をつかもうとしていました。

体の大きな子はすぐに足が付いてしまい、滑る楽しさを味わうのが難しいようでしたが、自分の体がエビ反りになるのを楽しむ子どももいました。

発達がわかる 遊びのツボ

探求心と運動欲求を満たす

繰り返すうちにおもしろみが増し、子どもの好奇心が引き出されます。何度も繰り返したくなるようなかかわり方によって、探求心と運動欲求の双方を満たすことができます。

おまかせ！なんでもあそび 0歳児

歌あそび

投げキッスできるかな？ かわいくCHU♥

『10人のインディアン』（アメリカ民謡）のメロディーで、保育者と向かい合って手遊びを楽しみます。

① ♪リンゴ　リンゴ　リンゴのほっぺ

子どものほっぺを触る。

② ♪ブドウ　ブドウ　ブドウのおめめ

目を指さす。

③ ♪イチゴ　イチゴ　イチゴのおはな

鼻を一本指で押さえる。

④ ♪おくちはチェリー　チュッ

「チュッ」で投げキッス。

発達がわかる 遊びのツボ　情緒の安定に

「ほっぺ、おめめ、おはな、おくち」と決まった順番で触れられる心地良さは、情緒の安定を促します。最後の「チェリー」のところでアクセントがあることで期待感を抱きます。

実際に遊んでみました！ 現場からのコメント

月齢の高い子は、見よう見まねで自分の手をほおや目に当てていました。最後の投げキッスは自慢げな表情をしていておもしろかったです。月齢の低い子は、まだ自分ではできないのですが、じっと真剣なまなざしで見ていて、最後の投げキッスでは、とびっきりの「ニコッ」が出ていました。

よ～く見ててね ふわふわ ふんわり

準備物 ＊
・半紙
半紙を円形に切り、四つ折りや八つ折りにしてから穴あけパンチで穴をあける。

「落とすよ～」と子どもに半紙を見せてから、そっと手を離します。できるだけふわふわと落ちるようにしましょう。

発達がわかる 遊びのツボ　目で追う力と集中力が育つ

一生懸命目で追う力（注視）が育ちます。また、目の届く範囲で揺れ動く物を追うことで集中力も養えます。

実際に遊んでみました！ 現場からのコメント

落ちてくる半紙をじっくりと見る姿は真剣そのもの。床まで落ちるのを見届けると、それを捕まえようとずりずりとすごい勢いで近寄ってきました。落ちるのを確認してからGOサインが出たかのように取りに向かう姿がすごいなぁと思いました。

★詳しくは76ページへ！

上から降ってくるよ
エプロンでドッカ～ン

準備物＊**新聞紙、エプロン**
・1／4の大きさに切った新聞紙を軽く丸め、ボールを数個作る。

保育者はエプロンを着け、両すそを持って、新聞紙のボールを乗せます。「3、2、1…」とカウントダウンをして、「ドッカーン」でエプロンを持ち上げてボールをほうり、床にばらまきます。

実際に遊んでみました！ 現場からのコメント

上からパラパラとボールが降ってくるので、びっくりした表情をしていましたが、「ドッカーン」の合図で手をバタバタさせて喜んでいました。新聞紙で作ったボールなので痛くないということもあり、ボールが落下する位置を初めは子どもの真上にしていましたが、少し距離を空けて行なったほうがボールがよく見えて楽しそうでした。

発達がわかる 遊びのツボ

期待と満足感

カウントダウンが、「今から始まる」という合図になって期待が膨らみ、「ドッカーン」で「そらきた!」という満足感がやってきます。期待した結果が満足につながるのです。

風船をヒットできるかな？
風船ペンペン

準備物＊**風船、ひも、新聞紙**
・風船にひもを付ける。
・新聞紙を丸めて先を細く切り、ほうきを作る。

子どもにほうきを持たせ、保育者は風船を持ち、「ほうきが当たるかな？」と近くに風船を持っていきます。ほうきが風船に当たったら「すごいねー、当たったよ」と褒めてあげましょう。

実際に遊んでみました！ 現場からのコメント

「何だか知らないけど楽しいぞ！」という感じでほうきを上下に振り回していました。うつぶせの子どもに持たせても、じょうずにバタバタと振って遊べました。

発達がわかる 遊びのツボ

握ってたたくのが楽しい

手でたたいてもいいですが、ほうきを握ることで子どもの意欲は増します。単純な「握る」という行為を入れるだけで、楽しさが倍増するのです。

今月のふりかえり

実際に遊んでわかった! 保育者の学びの目と芽

異年齢 2~5歳児

65ページ イモムシリレー
70ページ ジャンケン玉取り より

年齢差が生かされる異年齢遊び

遊びの前に、子どもたちにルールや内容の説明をするのですが、一度の説明で全員が理解することはなかなか難しいものです。それは、年齢が低くなればなるほど当てはまり、活動する人数を変えたり、ルールを工夫したりすることが必要になります。

しかし、『イモムシリレー』のような遊びは、異年齢で一斉に遊び始めてもすぐに行なえました。それは、遊びの中に見本がたくさんあって、それを見て単純な動きをまねて繰り返せばよいからです。

また、『ジャンケン玉取り』など、遊びを成立させるために少し複雑なルールがある場合は、しっかりとルールを理解している子がいると、その子が見本になったり、その子がリードしてくれたりします。ルールがわからないとき、同年齢や保育者にはすなおに聞けなくても、1~3歳ほどの近い年齢差の子にはすなおになれることがあるようです。こういった姿が、同年齢の遊びとはまた違った展開を生んでいるようでした。

グーとパーは
パーのかちだよ

異年齢 2~5歳児

68ページ 玉入れハイどうぞ
69ページ 水上レスキュー より

対等に楽しむ異年齢遊び

『玉入れハイどうぞ』『水上レスキュー』など、玉を投げたり、フープにつかまって滑ったりという遊びは、年齢に関係なく、だれもが「まず、自分がやりたい」と思うものです。こんなとき、5歳児など年上の子どもに対して、年下の子に順番を譲るよう促したりすることが、本当によいことなのだろうか?と疑問に思いました。「年齢が上だから」がまんしてあたりまえ、教えてあげるのがあたりまえと、その子たちの「やりたい」思いを無視して、一方的な期待を押し付けるのは違うのだと感じました。

「まず、自分がやりたい」と思うような遊びは、順番などの流れをある程度保育者がコントロールして、まずは子どもたちがその遊びをたっぷりと楽しめるように配慮することが必要だと思いました。そして、その遊びを十分に楽しむことができれば、そこから落ち着いて考えられる余裕につながり、順番を意識したりルールの工夫や伝達ができたりするようになっていくのだと思いました。

次は4歳児さんを
引っ張って
あげてね
うん!

0・1歳児

74ページ ふわふわ ふんわり より

目でしっかりと追う!

物がふわふわと上から降ってくると、子どもはぐっと見つめます。その降りてくる時間が長ければ長いほど、集中力は続きます。物を目で追うということは、実際に体は動かなくても脳はフル活動しているということです。たくさん動けない子どもにとっては〝注視〟は大切な活動になるのです。ここで、保育者はどうすればゆっくりと上から降ってくる物を用意してあげられるかがポイントとなります。素材・穴の位置や数などを工夫し、ふわふわと長い耐空時間を保つ物を研究することが大切です。子どもが楽しめるように、いろいろと試すことが〝保育力〟を高めていくのです。

ちょこっと解説

遊びのこと子どものこと

1 ルール理解と子どもの考える力③ 異年齢におけるルール理解

私は、発達を「未熟から成熟へと育つ過程」だとはとらえていません。その時々に備わっている能力を幅広く活用している状態を「発達している」ととらえています。ルールのある集団ゲームの中では、その子たちがどんな力を発揮しているか、見極めることが大切です。概ね同じである場合も、ひとりひとり異なる場合もあります。ふだん同年齢で行なうことが多い集団ゲームも、異年齢になると発達の姿も異なります。「年少児に教えてあげる」「年長児から教えてもらう」という形でルール理解に至ることでゲームの楽しさを共有しますが、ルールに沿ってゲームをしている姿をそのまま発達の姿ととらえることはできないと思います。年少児にとってはルールに沿って動いていても「よくわからないなあ」「どういうことだろう?」と感じている場合が多く、そのとまどっている状態こそ、まさに発達の過程の姿といえるでしょう。

2 異年齢ではルールづくりが難しい?

発達の姿が異なる子ども同士がひとつのルールを共有して遊ぶことは困難です。今回のゲームは、「異年齢だからこそ、伝える、伝えてもらうという関係で成り立つもの」と「シンプルなルールなので活動として楽しめるもの」の2種類を紹介しました。双方についていえることは、「シンプルなルールとその繰り返し」「小集団で混ざり合うこと」、この2点がポイントであるといえそうです。繰り返し行なうことは、見た目は同じような動きであっても、そこで生まれる学びは、質的に変容していきます。学びとは、互いが互いを意識し、理解する内容が深まって親しみや相手を尊重する気持ちが深まることをいいます。ですから、異年齢においてはルールを理解してゲームを楽しむことよりも、年齢の違う子ども同士が〝互いを理解する機会になる〟ことを大きな目標にするほうがよいと思います。

3 動くこと、動く物の不思議

73ページの『マットずりずり〜っ!』にあるように、子どもたちは引きずられたり、転がされたりすることが大好きです(69ページの『水上レスキュー』も同様です)。それは自分で動く楽しさとは違い、一見受動的ですが、ブランコの揺れに通じるような、なんともいえない感覚的な喜び、不思議さを味わっていると推察されます。体が動くことで視界に入る景色も動きます。子ども自身の動きたい欲求とともに動かしてもらいたい欲求にもこたえるかかわりも大事だと思います。また、動いている物を眺めることは探求心を刺激し、子どもなりにさまざまなことを考えているようにも思われます。乳児の動体視力は極端に弱いので、その点を配慮して、いかに乳児の狭い視界の中で〝動く物〟を作るか、保育者が頭を動かし、気持ちを動かして、工夫することが大切です。

9月の箱

4・5歳児	ちょこっとあそび	P.78
	じっくりあそび	P.80
2・3歳児	ちょこっとあそび	P.82
	じっくりあそび	P.84
1歳児	おまかせ！なんでもあそび	P.86
0歳児	おまかせ！なんでもあそび	P.88
ふりかえり	実際に遊んでわかった！ 保育者の学びの目と芽	P.90
ちょこっと解説	遊びのこと子どものこと	P.91

ちょこっとあそび 4・5歳児

連続なべなべ

ぐるぐるまわって何回できた？

ふたりひと組で手をつなぎ、「なべなべそこぬけ」をします。「そこがぬけたらかえりましょ」で裏返ったら、そのまま表、裏…と連続でぐるぐるまわり、保育者が10数える間に何回まわれたかを数えます。

相手を変えて繰り返しましょう。

実際に遊んでみました！ 現場からのコメント

3～4人でやってみると、裏返るときに「どこから抜ける？」といったやりとりに時間がかかってしまいました。3～4人でやる場合は、速さを競うのではなく、こうしたやりとりを重視した遊びにしたほうがいいと感じました。

速さを楽しむのであれば、ふたりひと組で相手を変えながら回数を重ねてコツをつかんでいくことが大切だと感じました。

発達がわかる 遊びのツボ　成功や失敗の経験から生まれる学び

うまくできてもできなくても、ペアを変えていろいろな友達と繰り返すことがポイントです。「Aくんとは2回しかできなかったけど、Bちゃんとは10回も連続でできた」というように、相手が異なると結果も異なるという経験から学びが生まれるのです。

せーのでジャンプ!

ふたりジャンプ交替

4人ひと組になり、ふたりは長座で向かい合って足を付けて座ります。別のふたりは手をつないで「せーの」でジャンプして、ふたりの足を跳び越えます。跳び終えたふたりは、すぐに長座で向かい合って座り、ジャンプを交替します。

ぶつかりそうだから
あっちにしよう!
せーの

時間を決めて、エンドレスで繰り返す。

せーの!

バリエーション

横向きにジャンプ

向かい合って両手をつなぎ、横向きに跳び越える。

実際に遊んでみました! 現場からのコメント

4歳児では最初はタイミングが合わず、同時に跳ぶことが難しいようでしたが、5歳児はみずから声を合わせてふたり同時に跳び越えることができていました。同じ方向に跳んで進んでいくので、壁に行き当たったり、ほかのグループとぶつかりそうになったりする場面もありましたが、子どもたちなりに方向を変えたり、タイミングをずらしたりと工夫していました。

発達がわかる 遊びのツボ 単純な動きの連続で楽しめる

跳んだらすぐに長座で座り、跳ばれたらすぐに立って手をつないで「せーの」で跳ぶ、というように、単純な動きでスピーディーに行なえます。また、「足をくっつける」「手をつなぐ」「同時に跳ぶ」というように、ふたりひと組で同じ動きをするので、わかりやすくなります。こういった動きを集団で一斉に行なうことで楽しさは広がります。

詳しくは90ページへ!

じっくりあそび

4・5歳児

歌あそび

リズムに合わせてつながり遊び

つながって離れてまたつながって

3人ひと組で電車になってつながり、『きつねのおはなし』の歌に合わせて動きます。

♪こっちからきつねができたよ

ここにしよう!

先頭の子どもが歌に合わせてスキップして列から離れ、自由に動いて好きなところでしゃがむ。

♪みみうごかすよ ぴくぴくぴく

2番目の子どもが同じようにスキップし、最初につながっていた1番目の子どもの後ろについてしゃがむ。

♪あっちでともだち よんでるよ

同様に3番目の子どもがつながる。

♪どんどんどんどん かけてった

立ち上がって先頭を交替する。

2〜3回繰り返したら、3人組を交替する。

発達がわかる 遊びのツボ

ふたつのルールで独特の楽しさを

先頭の子どもが動く間、後ろのふたりは待たなければなりません。2番目、3番目、そして先頭を交替して…、という一定の順序とルールがある中で、自分でルートを決める先頭と、後ろにつながって友達に合わせる役割を、繰り返し経験します。自分で行き先（ルート）を決めて進むことと、先頭の友達を目で追いかけてついていくというふたつのルールによって、独特の楽しさを味わえます。

実際に遊んでみました! 現場からのコメント

先頭の子どもはうれしそうに好きな場所に向かい、とてもイキイキとしていました。2番目、3番目の子は先頭の子の動きをよく見ていました。また、先頭の子は自分が決めた場所に、後ろの友達は来てくれるのかな、とドキドキしたようすでしたが、つながったときには、互いにほっとした表情でほほ笑み合う姿が見られました。離れていても、3人の気持ちがつながっているようでした。

『きつねのおはなし』
作詞／まどみちお　作曲／渡辺茂

F
C7
F
C7
こっちか らきつね が で てき たよ
み みう ごか すー よ ぴくぴくぴく
B♭
F
C7
F
あ っち でと もだ ち よ んで るよ
どんどんどんどん かけてっ た

前に進んで後ろに引っ張られて

～ふんばって進んで、引っ張られて気持ち良い～

1

3人ひと組になり、前のひとりは手押し車で、後ろのふたりが片足ずつ持ちます。『アルプス一万尺』（アメリカ民謡）の歌に合わせて、そのまま前にゆっくり進みます。

＼まえにすすんで…／

2

「♪ランラランラ～」のところで、手押し車の子はあおむけになり、ふたりは足を持って引っ張ります。

＼ひっぱるぞー／

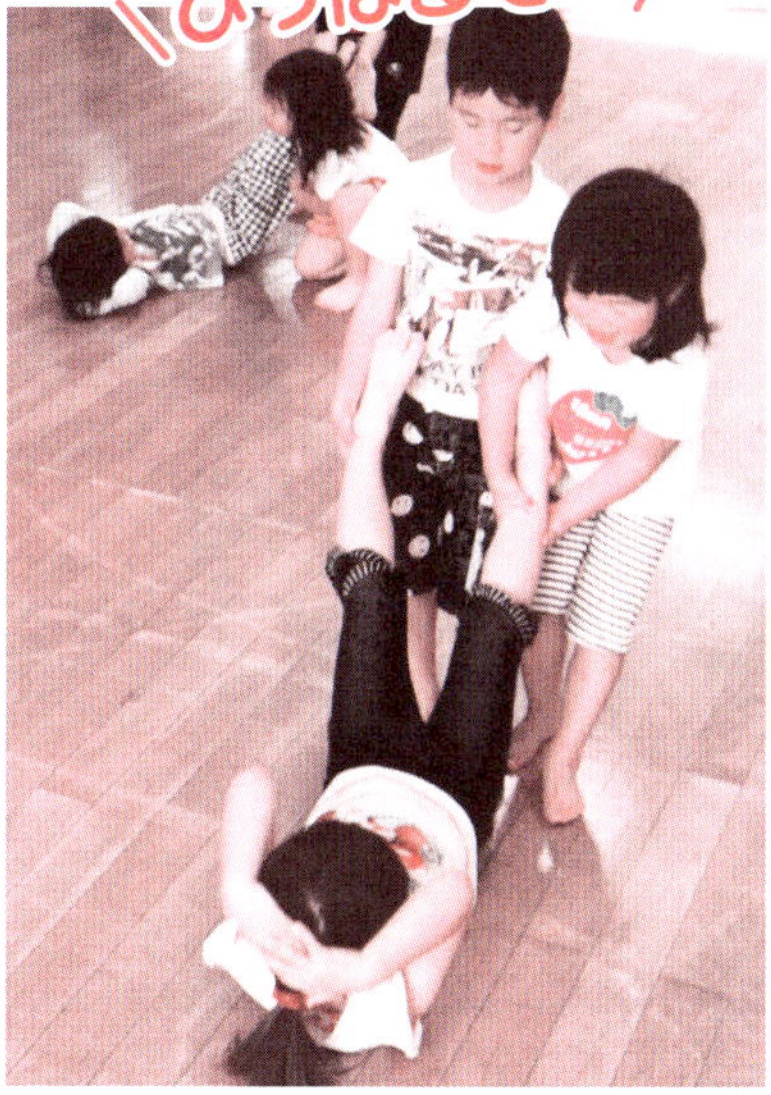

役割を交替して繰り返す。

実際に遊んでみました！ 現場からのコメント

手押し車で前に進むときは、どちらかといえば自分主導ですが、引っ張られるときには足を持つふたりに完全に自分の身を委ねることになるので、両方の気持ちを交互に味わっているようでした。

ピアノの音に合わせて活動を進めていくことで、保育者が指示することなく、子どもたちで気づき、スムーズに次の動きへとつなげていくことができていました。

発達がわかる 遊びのツボ

「ふたり対ひとり」でリズミカルに

友達の足を持ち上げて進む手押し車や、両足を引っ張って進む活動を「ふたり対ひとり」で行なうことがポイントです。1対1ですると押したり引いたりする側の負担が大きく、持続性が弱くなりますが、2対1になるとスピード感が出るので、双方が楽しめるようになるのです。

ちょこっとあそび 2・3歳児

こっちからあっちへ

入れ替えるということがわかったよ

準備物 ＊ **玉入れの玉**（赤白各50個程度）、**マット、タライ**（カゴや箱でもOK）

マットを対面に置き、その上にそれぞれの色の玉を入れたタライをひとつずつ置きます。白玉の入ったマットに15人程度でスタンバイし、スタートの合図で白玉を持って赤玉のマットまで行き、白玉をタライに入れたら今度は赤玉を持って白玉のマットへ戻ってタライに入れます。

全部入れ替わるまで繰り返す。

いれかえて…

実際に遊んでみました！

現場からのコメント

基本の遊び方に慣れてきたら、玉の数はそのままで、タライの数を増やしてみました。すると、程よく子ども同士の交わりが生まれ、「ああじゃない、こうじゃない」と伝え合えるような場面を生み出せることがわかりました。

発達がわかる 遊びのツボ

理解に至るプロセスを大切に

初めと終わりは、赤から白へ（白から赤へ）と入れ替わっていくようすがわかりやすいのですが、赤と白の数が同じくらいになったとき、見ている保育者ですら「どっちからどっちだった？」とわからなくなってしまいます。でも、子どもたちは間違えそうになりながらも、最終的には保育者の指示や援助がなくても、見事に赤と白の入れ替えに成功します。迷いながら、間違いながらも理解に至るプロセスが子どもたちにとって大切な経験（学び）となっているのです。

詳しくは90ページへ！

かけっこの導入に!

よーい、ぶらぶら〜ドン!

準備物 * マット、カラー標識、イス

1

子どもたちはマットに座ります。保育者が「よーい、ぶらぶら〜」と言って両手をぶらぶらし、子どもたちはまねします。

2

次に、「ドン!」で、近くのカラー標識まで走り、タッチして戻ります。1〜2を数回繰り返します。

3

次に、マットの代わりにイスを用意します。子どもはイスに座り、「よーい」で立ち上がり、「ぶらぶら〜」をして「ドン!」でカラー標識まで走ります。

実際に遊んでみました! 現場からのコメント

初めは「ぶらぶら〜」の後、「ドン!」と言われてもピンとこない子どももいました。しかし、何度か同じパターンを繰り返すと「ぶらぶら〜」をしながら「ドン!」の合図を期待する表情がうかがえました。運動会本番も「ぶらぶら〜ドン!」でやってみようと思いました。

発達がわかる 遊びのツボ　スタートのタイミングがつかめる

「よーい」と「ドン!」のわずかの間には独特の緊張感があります。2、3歳児の場合、そこに「ぶらぶら〜」が入ると緊張感が解けて、スタートしやすくなります。初めのうちは走るタイミングを逃してしまうことがありますが、このやり方を繰り返していくと、タイミングをつかみやすくなります。運動会のかけっこの練習にもオススメです。

じっくりあそび

2・3歳児

あっ！ ストップだ！ よーし、お引っ越しだ！

GO&STOPで好きなおうちへお引っ越し

準備物＊マット3枚

1

3か所に置いたマットの内側を、ピアノの音（並足）に合わせて同じ方向に歩き、ストップの合図で好きなマットに座ります（何回か繰り返す）。

2

次に、保育者の合図で、別のマットにお引っ越しします（繰り返し）。

実際に遊んでみました！ 現場からのコメント

それぞれにマットに入ると、別のマットに入っている友達と「おーい」と手を振り合って笑顔になる姿が見られました。このようなやりとりも、ゲームを楽しく持続させるための大きな要因となることを実感しました。

発達がわかる遊びのツボ　めりはりがあるほうが意欲的になれる

全体でめりはりのある動きを繰り返すこと自体、楽しい活動です。パターン化した動きだからこそ、子どもたちは自分で「行き先」を考えることに意欲を出しやすくなります。保育者は、合図の後「どのマットに入ろうか」「だれといっしょに入ろうか」など、それぞれの子どもが「考える時間」「選ぶ時間」をしっかりと確保することが大切です。

ピアノの音に合わせて

マーチで交替行ったり来たり

準備物 ＊ **イス**(6人に4脚)
・イスを2脚ずつ対面に置く。
・6人組になる

1

4人はイスに座り、ふたりはどちらかのイスの後ろに立ちます。保育者のピアノ(マーチ曲)に合わせて、立っている子がいるほうのイスに座っているふたりは手をつないで反対側のイスまで行き、タッチで交替します。

\タッチこうたい/

2

立っているふたりは、空いたイスに座り、反対側からふたりが来たら交替します。

時間内にエンドレスで繰り返す。

実際に遊んでみました! 現場からのコメント

初めはイスを短い距離で設定していたのですが、違うイスに行こうとしたり、手をつながずにひとりで行こうとしたりする間違い(この年齢の子どもたちにはしぜんな姿)に気づいてもらうには、距離が短すぎると感じました。また、マーチに合わせて歩くことが楽しそうだったので、ふたりで手をつないで楽しく歩ける、長めの距離のほうがいいように思いました。

マーチに合わせることで、どのグループも同じタイミングでタッチをすることができ、保育者も子どもたちの理解度を把握しやすくなりました。

発達がわかる 遊びのツボ

距離の設定は理解度に合わせて

この遊びの楽しいポイントは、どれだけルールを理解しているかによって変化します。最初は、どっちに歩いてどのように交替するかなどの迷いがあるので、そこに気づけるように距離を長め(8～10m)に設定し、「マーチに合わせてふたりで歩くこと」を楽しみます。ルールを理解できてきたら、少し短く(6～8m)し、「交替を繰り返すこと」を楽しむようにしましょう。

おまかせ！なんでもあそび 1歳児

トントンぐるぐる

繰り返す楽しさを味わおう！

『ごんべさんの赤ちゃん』（作詞者不明・アメリカ民謡）のメロディーで手遊びをします。初めは座って行ない、慣れたら立ったり歩いたりしながらしてもおもしろいでしょう。

糸巻きのようにしてから、両手をパーにする。

こぶしを合わせてトントンする。

4回繰り返す。

実際に遊んでみました！ 現場からのコメント

初めはじっと見ているだけでしたが、単純な歌と動きなので、数回見ればいっしょに遊べました。

歩きながら遊び、「パッ」のところで友達同士で手を合わせるようにしましたが、子ども同士では難しそうだったので、保育者といっしょに楽しみました。何度か遊べば、しぜんと友達同士でもできるかなと思いました。

発達がわかる 遊びのツボ　育ちに合わせて楽しめる

リズム感を養いながら、いつでもどこでも遊べます。また、繰り返す楽しさを心と体で感じることができます。その場で足踏みしたり、歩いたりしながらでも遊べるので、子どもの育ちに合わせて長く遊ぶことができます。

ふりふりシャカシャカ！

リズム遊びから科学の力も！

容器を持って、振って音を鳴らして遊び、いろいろなリズムやポーズを楽しみます。歌は『ごんべさんの赤ちゃん』『おもちゃのチャチャチャ』などがいいでしょう。

準備物＊
紙筒（ペーパー芯など）、**ペットボトル**、**乳酸菌飲料の容器**、**プリンカップ など**
・容器の中に米、小豆、花はじきなどを入れ、つなげてテープで留める（3〜4種類）。

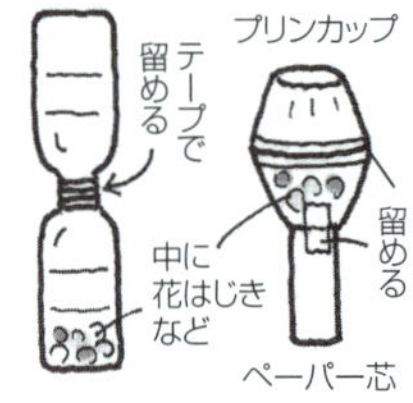

実際に遊んでみました！ 現場からのコメント

初めは音を鳴らして楽しんでいた子どもが、だんだんと中に入っている物の動きに興味を持っていました。子どもが自分で遊びを展開していくような内容でした。

歌は、『おもちゃのチャチャチャ』がいちばんノリノリでした。

発達がわかる 遊びのツボ　鳴らす楽しさから、動く物への興味へ

手に取ると音が鳴るので、思わず振ってしまう…という本能的な動きを引き出します。音に対しての認識・興味を引き出す活動といえるでしょう。また、中に入れた物が見えるので、傾けたときに中の物がどんなふうに動くのかに興味を示すこともあり、科学の芽生えにもつながります。

好きな物を選んで運ぶぞ〜

自分でチョイス！ 運んでビューン！

床に玩具をランダムに並べます。子どもたちは少し離れたところから、ひとりずつ、もしくは2〜3人で「よーいドン」で取りに行きます。自分で選び（複数もOK）、手に持ったままタライに入れてゴールします。

準備物＊**子どもの好きな玩具**（つかみやすい物：鈴、タオル、玉入れの玉、パフリング、ボール、ビニール袋を膨らませた物　など）、**タライ**、**巧技台**
・タライを巧技台の上に乗せておく。

発達がわかる遊びのツボ　思いを十分に発揮する

安心して遊べる環境づくりが大切で、その中でこそひとりひとりが感じている思い、性格や気持ち、こだわりが十分に発揮できるようになります。運動会では、保護者といっしょに行なうスキンシップ遊びとして取り入れてもいいですね。

実際に遊んでみました！　現場からのコメント

ふたりずつで、かけっこふうに行ないました。ゴールのタライは床に置くより、少し高いほうが入れやすいようでした。

カラーボールを用いてみました。ボールの色を選ぶ子どもや、たくさん持って行く子どもなどさまざまでした。自分で選んで、ゴールまで運ぶ一連の動きの中にもひとりひとりの性格とこだわりが見える遊びでした。

どんどん山を越えよう

マットでゴーゴー！

準備物＊**ゴザ**（布団の下に敷くものでも可）、**マット**

ゴザを丸めてマットの下に入れ、高さの違う山を2〜3か所作ります。子どもたちはハイハイや歩いて進みます。反対側から名前を呼ぶなどしましょう。

実際に遊んでみました！　現場からのコメント

ふだんから大きいサーキットや小さな山がある環境で遊んでいるので、名前を呼ばなくても興味を持って何往復もしていました。

山の高さを調整すると、低いときは立ったまま歩いていき、高いときはしぜんと体を小さくしてハイハイで慎重に進むなど、状況に合わせて対処する姿が見られました。

発達がわかる遊びのツボ　登り下りの困難さと楽しさ

子どもは、平坦な道よりも高さのある所を登り下りすることを好みます。高さに応じて自分の体の動かし方を変えていく経験は、探究心を満たし、身体機能を高め、"自分自身"を感じることにもつながります。

詳しくは90ページへ！

おまかせ！なんでもあそび 0歳児

どこから落ちてくる？ あっちこっちポ～ン

準備物 ＊カラーボール（またはお手玉）、ボウルまたは浅めのカゴ

ボウルにカラーボールを入れ、保育者は上下、左右に振ってボールをポンポン弾き出します。ボールがなくなったら、「ないね。もう1回しようか」と言ってボールを集めます。いっしょに集めに行ってもいいですね。

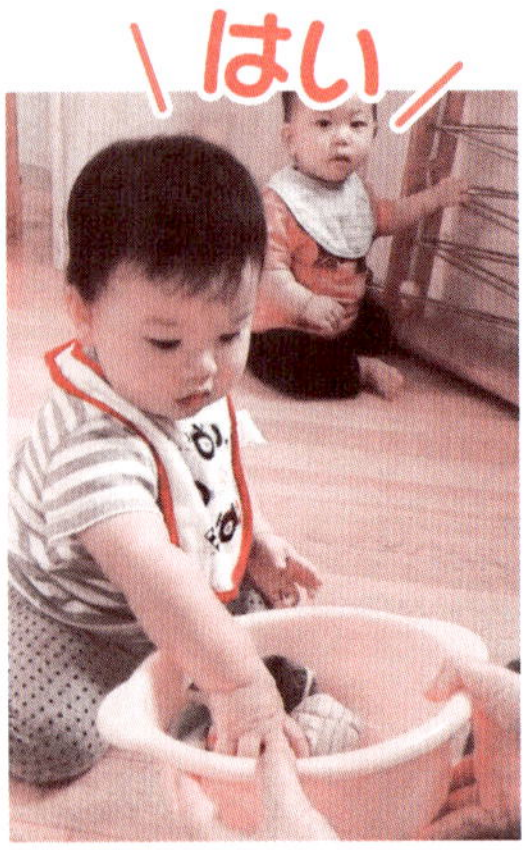

発達がわかる 遊びのツボ それぞれの楽しみ方で

「こっちだった！」「あっちだった！」とボールが飛び出る不思議を楽しみます。飛び出たボールを拾おうとするのか、元に戻そうとするのか、ただ見ているだけなのか、などそれぞれに楽しめる遊びです。

実際に遊んでみました！

現場からのコメント

お手玉が飛び出すようすを興味深くのぞいており、何度か繰り返すうちに、保育者がお手玉を渡すと、洗面器に戻してくれました。

歌あそび いっしょに踊っちゃおう！ Let's ダンス

保育者と向かい合い、『アイ・アイ』（作詞／相田裕美、作曲／宇野誠一郎）の歌に合わせて遊びます。

① ♪アイアイ　アイアイ～ 南の島の

手と手を合わせて数回タッチ。

② ♪アイアイ　アイアイ～

ぎゅっと抱き締める。

③ ♪しっぽの長い

抱き締めたまま、ゆらゆら揺れる。

④ ♪アイアイ　アイアイ おさるさんだよ

手と手を合わせて数回タッチ。

発達がわかる 遊びのツボ 子どもなりの働きかけを引き出す

目標物（今回は保育者の手のひら）があると、子どもは一生懸命自分なりの働きかけをします。両手でできる子、片手だけでできる子などさまざまですが、保育者は手の位置を変えず、子どもの働きかけをしっかりと見守りましょう。

実際に遊んでみました！

現場からのコメント

月齢によっては、手のひらを合わせるのは難しい子もいましたが、それでも体を揺らして楽しんでいるようすでした。保育者に「ぎゅっ」とされるところでは、スキンシップを喜び、とてもうれしそうな笑顔が見られました。何度も繰り返すうちに、保育者と手を合わせることができました。

だれ・だれ・だれ〜？ ワニさん ばあ

保育者は腹ばいになり、「よいしょ、よいしょ」と言いながらほふく前進をして子どもに近づきます。子どもの前にきたら、「ばあ〜」と言いながら顔を上げます。

実際に遊んでみました！ 現場からのコメント

ほふく前進で近づくと、「？」の顔で注目していました。顔を上げ、保育者の顔が見えると、うれしそうな笑顔で反応し、保育者の顔を触ろうとしていました。何度も繰り返すと、手足をぴょんぴょん動かして「ばあ」と顔が見えるのを待っていました。

発達がわかる 遊びのツボ 期待と不安感から安心感へ

「いないいないばあ」は向かい合った状態でのかかわり合いですが、この『ワニさん　ばあ』は動きがある分、「だれかな？」という期待と不安感がより増していきます。顔を見たときの安心感は格別で、本当にうれしそうな笑顔を見せてくれます。

じょうずに触れる？ カーテンタッチ

保育者は程よい高さにカーテンを持ち、「タッチしてみて」と声かけをし、子どもは近づいて触ります。意欲的になれるように、少しずつ高さを上げていきましょう。

準備物＊**ひも、スズランテープ**
・ひもにスズランテープを付けてカーテンにする。

実際に遊んでみました！ 現場からのコメント

スズランテープの触り心地や音が珍しいようで、興味を持って触ろうとしていました。つかまり立ちやヨチヨチし始めの子どもは、高さを変えていくと立つことに意欲的になっていました。「いないいないばあ」をして遊ぶこともできました。

発達がわかる 遊びのツボ 触ろうとする興味を促す

スズランテープのカーテンは、「これなに？」とものすごく興味がわきます。高さを上げることで、つかまり立ちなどの意欲にもつながります。また、完全に姿が隠れるのではなく、すき間からのぞくこともできるので違う遊びにも発展できるのです。

今月のふりかえり

実際に遊んでわかった！

保育者の学びの目と芽

4・5歳児

79ページ **ふたりジャンプ交替** より

「単純明快」の「連続」が楽しみの源

『ふたりジャンプ交替』は、実践者からは「シンプルな動きの繰り返しなのに非常に盛り上がった」との報告がありました。それを受けてほかのメンバーは「なぜこんな単純なことが盛り上がるんだろう?」と話し合いました。その中から見えてきたことは**「跳ぶ・座るという動作が連続していること（連続）」、「手をつなぐ・足をくっつけるという動きがはっきりしていること（単純明快）」**にヒントがあるのではないかということでした。

子どもの人数が多くなればなるほど、**このふたつのキーワードは欠かせないものとなり、全体が活性化する**という法則が見えてきたように感じました。運動会の練習でも、こうした短い時間で全体が活性化するような状態をつくり出すことで、**個々の力発揮とともに集団としてのエネルギーを生み出す**ことが可能になるのだと思いました。

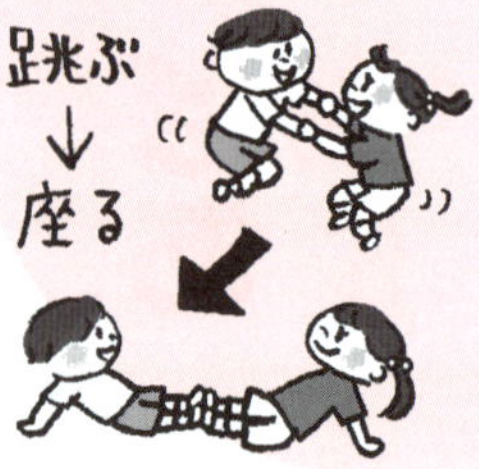

2・3歳児

82ページ **こっちからあっちへ** より

間違えながらも理解に至るプロセス

子どもが何かを理解する場合、大人に教えられるよりも、友達のようすを見たり、伝え合ったりすることで間違いに気づいたり、やっていることの意味がわかったりと、子ども同士がかかわり合えるような場面設定が必要ではないでしょうか。『こっちからあっちへ』では、そのような子ども同士のかかわり合いがたくさん見られました。元来、子どもは大人に言われたことよりも、友達に言われたことのほうが心に響いたり、腑《ふ》に落ちたりします。**保育者は、子どもの年齢や習熟によって、いかに導き（ゲームの設定やルールの提案と理解）、いかに見守る（子ども同士が学び合う機会を保障する）か**、その線引きが難しいところでもあるといえます。

0・1歳児

87ページ **マットでゴーゴー！** より

繰り返す姿から見えるもの

マットの山を登ったり下りたりする活動は、1歳児にはとてもおもしろい遊びでした。このような遊びを子どもは繰り返し行ないます。楽しいから繰り返し、**繰り返すことを楽しいと感じ、その過程で獲得するものが〝本物の学び〟や〝育ち〟である**といえるでしょう。同時にそれは自信を持つことにつながります。高さが自分の力量に比べて高い、と感じたら恐怖心を抱き、体を小さくしてハイハイで行く。これはまさに子ども自身が自分の身を守ろうとする力の表れです。高さを認識して、**自分の力量を自分で推し量りながら繰り返す**姿には、1回1回、自分の力量との格闘のドラマが見え隠れします。

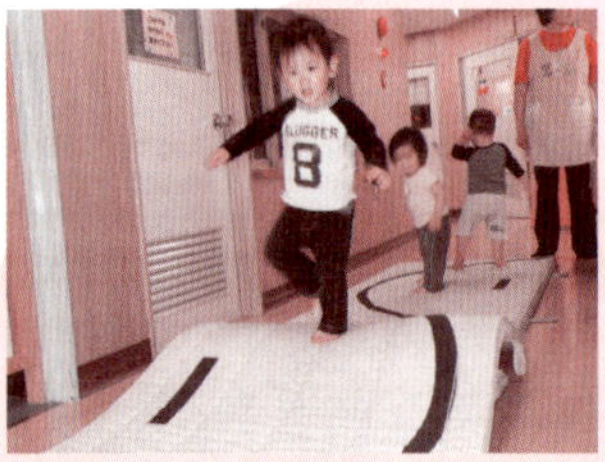

ちょこっと解説

遊びのこと子どものこと

1 「見守り」と「導き」のとらえ方

右ページの「2・3歳児」にあるように、「見守り」と「導き」の違いは保育者を悩ませるテーマです。「見守る」といえば「子どもまかせ」、「導き」といえば「子どもに寄り添わない」というイメージを持たれがちですが、私自身、根本的にとらえ直す必要があると痛感しています。端的にいえば、「色即是空」「空即是色」と同様の考え方で「見守り＝導き」「導き＝見守り」というように互いに補い合って成り立つ、というとらえ方をしています。保育環境は遊びを「導く」ためのもので、そこでの遊びを「見守る」中で新たな環境設定を「導き出せる」というイメージです。「遊びびっくり箱＋」ではルールや設定のある遊びを主としているので「導き」の要素が強いですが、次の2と3では、「見守り」と「導き」の具体例をご紹介しましょう。

2 ふたりひと組の活動を見守ることで3人ひと組への導きへ

81ページの『前に進んで後ろに引っ張られて』は、「ふたりひと組の手押し車」と、あおむけで「足の引っ張りっこ」を〝合体〟させたアイディアの遊びです。最初はふたりひと組で行ない、子どもたちのようすを〝見守って〟いると、全体に生き生きとしていましたが、ひとりでひとりの子の足を持ち上げて引っ張ることに苦戦する姿も見られました。このような少しつらい経験も必要だと思いますが、これでは〝楽しさ〟が続かず、やがて友達同士でふれあう意欲も萎《な》えてしまいます。そこで、3人ひと組にし、ふたりでひとりを引っ張るルールにすると、すいすいと動き、ひとりを運ぶふたりが楽しくしかも協同的な活動となり、学び（活動）の質も変化しました。これを「見守り」であり「導き」でもある、と考えます。

3 それぞれがそれぞれの回数でよいという「見守り」と「導き」

78ページの『連続なべなべ』では、くるくると連続してまわる楽しさ（ふれあい）を経験してほしいと願って実践することは「導き」です。また、保育者が10数える間に何回まわれるかをふたりで数えることも子どもから出た発想ではないので「導き」です。しかし、そこにはそれぞれ相手によってまわり方もまわる回数も異なる結果になります。組む相手によっては1、2回しかまわれないときもありました。どんな結果であっても、その子どもが感じたことを大切にすることは、ある種の「見守り」だととらえることができます。「がんばってふたりで10回まわりましょう」というルールと「10数える間に何回まわれるでしょう」というルールの違いから生まれる子どもの経験の質について、みなさんも実践の中で考えてみてください。

10月の箱

4・5歳児	ちょこっとあそび	P.92
	じっくりあそび	P.94
2・3歳児	ちょこっとあそび	P.96
	じっくりあそび	P.98
1歳児	おまかせ！なんでもあそび	P.100
0歳児	おまかせ！なんでもあそび	P.102
ふりかえり	実際に遊んでわかった！ 保育者の学びの目と芽	P.104
ちょこっと解説	遊びのこと子どものこと	P.105

ちょこっとあそび 4・5歳児

3人だから、うまくいく！

ロケット玉

準備物 ＊ **玉入れの玉、ポリ袋**（45ℓ：タテ80×横65㎝）、
・3人組になる。

ふたりがポリ袋を持ち、ひとりは見届け役になります。袋の上に玉を乗せてふたりで息を合わせて玉を上に高く飛ばしたら、見届け役が玉を拾って繰り返します。役割を交替して楽しみましょう。

実際に遊んでみました！ 現場からのコメント

見届け役の子どももいっしょに「せーの！」と声をかけ合い、盛り上がっていました。

繰り返すうちに、袋を少したるませたほうが高く飛ぶということに気がついていました。そして、高く飛ばした玉をポリ袋でキャッチする遊びへと発展するグループもありました。

発達がわかる 遊びのツボ　拾ってあげる役割が大事

ふたり組だと、落ちた玉を拾うことに手間取って、飛ばす楽しみがだんだん失せてしまいますが、玉を拾って乗せてくれる子がいることで楽しみは持続します。だからこそ「拾う役割」もいきいき果たせ、3人で楽しさを共有できます。

詳しくは104ページへ！

歌あそび

終わりがあるから盛り上がる

おちゃらかゲット

準備物＊玉入れの玉

ふたり組で向き合って座り、間に玉を5個置いて『おちゃらかホイ』を歌いながら手合わせをします。

♪おちゃらか～

らか
おちゃ

♪おちゃらか～

「おちゃ」で自分の手をたたき、「らか」で右手で相手の左手をたたく。

♪ホイ

ホイ!!

ジャンケンをする。

♪おちゃらか かったよ(まけたよ)

ゲット!

勝った子どもは玉を取り、
負けた子どもは泣くまねをする。

♪おちゃらかホイ

ジャンケンを繰り返す。

5回続け、どちらが多く玉をゲットしたかを確認し、相手を変えて繰り返します。

発達がわかる 遊びのツボ

『おちゃらかホイ』でいざ勝負!

『おちゃらかホイ』はふたりがリズミカルに歌いながらジャンケンを楽しみますが、終わりがありません。そこで「ジャンケンに勝ったら玉をゲット」というルールを取り入れることで、勝敗へのこだわりが増し、ゲームとして違った気持ちで『おちゃらかホイ』を楽しめます。

詳しくは104ページへ!

実際に遊んでみました! 現場からのコメント

勝負をするごとに目の前の玉がなくなっていくので、子どもたちの意欲がどんどん高まり、ジャンケンが盛り上がっていました。

「玉を取る」という動作が入ることで、テンポを合わせるのが難しいかと思いましたが、ふたりでうまく合わせていました。「勝負」という共通の認識が、程よいテンポを生み出すようでした。

『おちゃらかホイ』 わらべうた

1.~3.お ちゃら か お ちゃら か お ちゃら か ホイ
お ちゃら か かっ まけ あい た た こ よ よ で お ちゃら か ホイ

じっくりあそび

4・5歳児

ハラハラドキドキが心地良い

ぐるぐるバトン

準備物＊**ボール、バトン**（パフリングなど）、**カラー標識**

1

円になり、子どもと子どもの間にカラー標識を1個ずつ置きます。初めは、スタートの子ども（バトンとボールを持つ）が右隣へボールを渡したら、バトンを持って円の外側を走ります。

ボールをもらった子は
右隣へどんどん回していく
ボールを渡したら円の外側を走る

2

ボールが戻ってくる前に円を1周して自分のいた場所に戻ったら、右隣の子にバトンを渡します。バトンをもらった子は同じように円の外側を走り出します。「ボールを回す」と「バトンをもらったら走り出す」を続け、ボールが「走っている子」の空いた場所に先に到着したら、その子がアウト。アウトになった次の子から再スタートして繰り返します。

はい
はい
元の場所に戻ったら
右隣の子にバトンを渡す

実際に遊んでみました！ 現場からのコメント

円の人数は15人ほどがちょうどよかったです。10人だと2番目に走る子がアウトになることが多く、15人だと4～5人目でアウトになるので、そのくらいの走る回数がちょうどいいようでした。

「ボールを回す」「バトンをもらったら走る」と次から次へと順番がくるので、集中して行なうことができていました。たまにボールを意識しすぎて走れない、走ることに意識しすぎてボールを渡せないといった場面も見られましたが、うまく声をかけ合っていました。

発達がわかる 遊びのツボ

ふたつの動きでドキドキ感！

人とボールの両方が動くので気を抜くことができず、緊張感が持続します。ゲームを楽しくする「ツボ」は、参加人数や円の大きさにあります。クラスの子どもたちの状況に合わせて工夫してみてください。

たくさんボールに触れて、ボールに慣れよう

3人プチドッジボール

1

3人組になり、①②③に分かれます。①の子どもがボールを転がして②の子どもの足の間を通し、③の子どもがボールをキャッチします。③の子どもも同様に転がし、②の子どもの足の間をボールが通過したら、ドッジボールスタート。

準備物＊**ボール**
・白線などで長方形のコートを複数描く。左右に通り道をあけておく。

2

①と③の子どもは、②の子どもを目がけてボールを投げ、②の子はボールに当たらないよう避けるか、受けます(受けた場合は、反対側へボールを渡す)。10秒間で終了し、場所を交替します。

実際に遊んでみました! 現場からのコメント

「10秒間」と時間を決めることで、ボールを投げるスピードが速くなり、中に入った子どもにも緊張感がありました。

投げるほうはうまくねらえないこともあり、中に入った子はボールを受けることよりも避けることに意識がいくようでした。遊びとしてはとても盛り上がったので、回数を重ねてねらったり受けたりすることへつながればと思いました。

発達がわかる 遊びのツボ

3人ひと組と10秒ルールがイキイキのツボ

幼児の場合、ドッジボールはなかなか全体では楽しみづらいゲームです。しかし、「3人ひと組」という少人数で行なうことと、「10秒間」と時間を区切ることで興味がわいてきます。コートの大きさは、全体の経験回数やボールへの慣れぐあいを見て調節してください。

詳しくは104ページへ!

ちょこっとあそび

2・3歳児

みんなが知っているひげじいさんでゴー&ストップ

ひげストップ!

準備物 * マット

『とんとんとんひげじいさん』→楽譜は9ページ(作詞/不詳、作曲/玉山英光)を歌いながら、ゴー&ストップを繰り返して楽しみます。

1

子どもたちはマットの上に立ちます。保育者は少し前に出て「とんとんとんとん」で進むと、子どもたちはマットを出て後ろについていきます。

♪とんとんとん

2

「○○じいさん」で保育者が振り返り、子どもたちはストップします。

♪ひげじいさん♪
パッ
ピタッ!

ピタッ!

3

保育者が「キラキラキラキラ〜戻りましょう」と言ったらマットに戻り、繰り返します。

♪戻りましょう〜♪

バリエーション

「○○じいさん」でポーズ

ストップのときに、しゃがんだり寝転んだりという動作も取り入れて楽しみましょう。

♪こぶじいさん♪
ごろ〜ん

実際に遊んでみました! 現場からのコメント

キラキラ〜の後にウサギさんに変身し、次にスタートするときに「とんとん…」の部分を「ピョンピョン…」に替えて行なってみました。こうした変化も新鮮で、動きを楽しんでいました。

一斉に場所を移動したいとき、走り出すと危険だなと思ったときにやってみました。同じテンポで歩けるので、遊びながら安全に移動できました。

発達がわかる 遊びのツボ
おなじみの手遊びが、めりはりのある集団遊びに変身!

「ひげじいさん」の歌に「歩く」と「止まる」のめりはりのある動きを取り入れると楽しみ方が大きく変わります。なじみのある歌なので、止まるタイミングに見通しをつけることができ、また、しゃがむ、寝転ぶなどのバリエーションもつけやすいので、この年齢にはぴったりの遊びです。

いつもの新聞紙遊びにもう1ネタプラス

新聞紙ボールいろいろバリエーション

いろいろな的を設定し、子どもたちは的を目がけて新聞紙ボールを投げて楽しみます。

準備物＊**新聞紙、ひも、クラフトテープ、ポリ袋、フープ**

・新聞紙を丸めて軽くテープで留めてボールにする。

〈いろいろな的〉

●ひもを付けた新聞紙ボールを天井からつるす

●新聞紙をはったフープ

●壁にポリ袋をはり、テープを輪にして付けた物

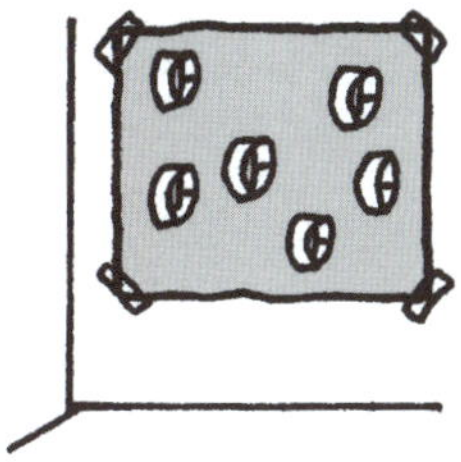

●フープにポリ袋をはり、テープを輪にして付けた物（両面）

くっついた！

えい！
やったー！

えいっ

くっついた！

実際に遊んでみました！ 現場からのコメント

新聞紙をはったフープは、新聞紙ボールが当たると音がしてよくわかりました。玉が当たってトラブルになることもあるので、的の数を増やし、分散するようにしました。

投げた玉がピタッとくっつくのがおもしろく、何度も投げていました。フープだと、高さや距離を保育者が持つことで変えられるので、よかったです。

発達がわかる 遊びのツボ 興味を引く目標物で「投げる意欲」を促す

2・3歳児では、このような的（目標物）を設定することで、投げる意欲を促すことができます。的の形や大きさ、的までの距離・高さなどを、子どもに合わせてあれこれ工夫することが大切です。

じっくりあそび 2・3歳児

遊びながら仲よく交替

交替ニコニコ電車

準備物 ＊ フープ、マット、カラー標識、ゴムひも
・駅とコースを作る。

駅にフープを用意し、ひとりがフープの中に入って運転士になり、後ろにお客の子どもがつきます。駅をスタートし、もうひとつの駅に到着したら、運転士とお客を交替して再スタートします。

※園庭など広い場所で遊ぶ場合は、ゴムひもなどで全体の範囲を示すことで、ルートが明確になります。

しゅっぱつしまーす!
とっきゅうでーす!
カラー標識とゴムひもでコースを作る
交替

こうたいでーす!

実際に遊んでみました! 現場からのコメント

駅に着いたら交替して、すぐに出発するようにしました。初めは保育者が手伝いながら交替のしかたを伝えましたが、徐々に子どもたちだけで交替できるようになっていました。単純な遊びですが、子どもたちにとっての楽しみの要素がたくさんあるようでした。

発達がわかる遊びのツボ 交替をスムーズに行なう工夫

2～3歳児のふたりひと組の「電車遊び」では、交替のタイミングがポイントになります。このように駅を設定すると、保育者の指示がなくても子どもだけで交替しやすくなります。スムーズに「交替」ができるようになるために、最初は駅と駅の間隔を短くして、目標をわかりやすくすることが「交替」を理解するためのポイントです。

伝承遊びをその年齢らしく味わえる

みんなでかごめ

準備物＊イスまたはフープ
・イスを円形内向きに並べる。

1

半分に分かれて、Aグループがイスに座り、Bグループは、円の外側に立ちます。Aグループは周りが見えないように手で顔を隠し、Bグループは『かごめかごめ』（わらべうた）を歌いながら、周りを歩きます。

2

「後ろの正面だあれ?」でBグループはひとりずつAグループのひざの上に座ります。Aグループは顔から手を離し、座っている人の名前を呼びます。何度か繰り返して交替します。

実際に遊んでみました! 現場からのコメント

人数が奇数で、座る子と立つ子の人数が違う場合は、保育者も参加して人数調整をしたり、少ない人数に合わせてイスの数を減らし、ふたりでひとりのひざの上に座るなどのルールにしたりして対応していました。

発達がわかる 遊びのツボ

わかっているからこそ楽しい

従来の『かごめかごめ』と違い、「当てる」か「当てられる」かどちらかの立場で常に参加できます。また、2〜3歳児では、目を隠したままでだれかを当てるのではなく、だれかをわかったうえで名前を呼ぶことのほうが楽しむことができます。

詳しくは104ページへ!

おまかせ！なんでもあそび 1歳児

いろいろなところにポトン！ あっちこっち玉入れ

準備物 ＊**段ボール、巧技台、玉入れの玉（またはお手玉）**
・段ボールに穴をあけて切り口にビニールテープをはる（3段階くらいの高さに）。

段ボールの周りに玉入れの玉をランダムに置きます。子どもは玉を取って好きな所に入れて楽しみます。

発達がわかる 遊びのツボ 穴を探して、穴を選んで

身長差があるので、穴を3段階の高さに設定しています。大きな穴、小さな穴、高い所、低い所など、子どもが自分でどこに入れるかを決定することが楽しさのポイントです。

実際に遊んでみました！ 現場からのコメント

お手玉で遊びましたが、「ここにも穴がある」と、箱の周りをグルグルまわって穴を発見し、お手玉を全部入れきるまで楽しめました。また、箱をひっくり返してお手玉を出すと、飽きることなく繰り返して楽しめました。「中はどうなっているのかな？」と、箱の中をのぞき込む姿もありました。

大好きな動きをおなじみの曲とともに 歌あそび のねずみダンス

『のねずみ』を子どもに合わせてゆっくり歌って遊びます。

① ♪いっぴきの のねずみが あなぐらに あつまって

ハイハイしながらグルグルまわる。

② ♪チュチュッチュ チュチュチュチュッ チュチュッと

あおむけになって手足をバタバタと動かす。

③ ♪おおさわぎ（チュチュ～）

チュチュ～

その場に立って、ネズミのポーズ。

発達がわかる 遊びのツボ 遊び歌で全身運動

日ごろ、なじんでいる遊び歌にハイハイや手足をバタバタさせるなど、子どもが大好きな動きを取り入れて全身運動にアレンジしています。楽しみながら、全身を使った運動がしぜんにできます。

実際に遊んでみました！ 現場からのコメント

最初はキョトンと見ていた子どもたちですが、繰り返すことで保育者の動きをまねしようとする姿が見られました。

遊びに慣れてくると、ハイハイのときにいろいろな方向へ進む姿が見られました。友達と顔を見合わせてにっこりしている表情もかわいかったです。

『のねずみ』　作詞不詳　外国曲

C
いっぴきの　のねずみが　あなぐらに
C
あつまって　チュ チュッ チュ チュ チュ チュ チュッ チュ チュッ と　おおさわぎ（チュ チュ～）
G7 C

のびのび伸ばして気持ち良い

う〜んっとストレッチ

準備物＊**ボール**(子どもが持ちやすい大きさのもの)

子どもは保育者のひざの上に座ります。初めは子どもの足首辺りにボールを置いて、「のびのび〜っ」と言って子どもがボールを取ります。少しずつボールを離して置き、最後は保育者の足にボールを挟んで、取れればおしまい。

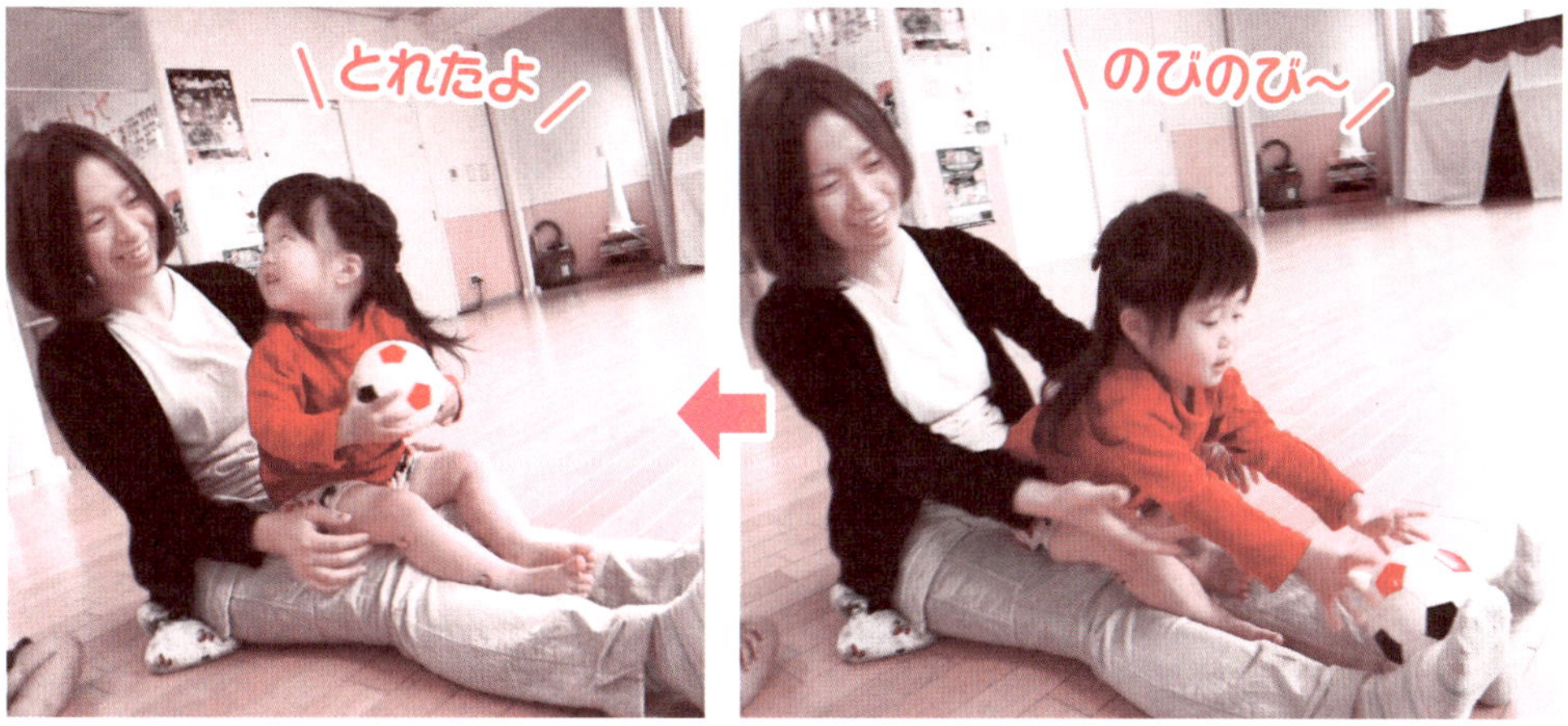

実際に遊んでみました! 現場からのコメント

保育者の足の上で、子どもたちはスキンシップを喜んでいました。どんどんボールの位置を遠くしていくと、取れたときに、「見て! 取れたよ!」というように保育者の顔を見てうれしそうでした。

発達がわかる 遊びのツボ

うれしさを共感して

子どもは信頼している人のひざの上に乗るだけでも安心して大満足です。そして、ボールに手や体を伸ばして届いたときのうれしさを保育者といっしょに共感でき、喜びを感じることができます。

何だろう? 行ってみよう!

ばあばあばあで散歩道

準備物＊**折り畳みのマット など**

マットを立てて通路を作り、子どもは一方通行で入り口から入ります。保育者はマットの裏から「いない、いない、ばぁ〜!」と言って顔を出します。繰り返して楽しみましょう。

実際に遊んでみました! 現場からのコメント

初めは「何だろう?」とおそるおそる通っていた子どもも、保育者の顔が見えると安心したようで笑顔になりました。同じパターンで保育者が現れることを繰り返し楽しみ、保育者の顔が出てくることを期待しているような表情が見られました。

発達がわかる 遊びのツボ

「喜び」「安心」につながる

「何だろう?」と子どもの探索行動から発展している遊びです。入って行くと、そこには大好きな先生が「ばぁ〜!」と出てくることが喜びと安心と楽しさにつながっていきます。「怖い」「不思議」の世界から「喜び」「安心」の世界へと自分で切り開いていこうとする姿を見ることができます。

★詳しくは104ページへ!

おまかせ！なんでもあそび 0歳児

♪歌あそび

ころころパー

ごっつんこできるかな!?

子どもは保育者と向かい合って座り、『どんぐりころころ』→楽譜は110ページ（作詞／青木存義、作曲／梁田貞）の歌に合わせて手遊びをします。

♪どんぐりころころ　どんぶりこ～

両手をグーにし、グーとグーを軽く合わせる。

♪～あそびましょ

歌い終わったら、「パー」と言いながら手をパーにする。

発達がわかる遊びのツボ　ゆっくり歌って楽しむ

ゆっくり歌うことで、子どもたちがしっかり追視を楽しむことができます。また「パー」を出すタイミングをひと呼吸ぐらい遅らせることで、子どもはまねをすることができます。それによって「パー」の期待感、ワクワク感が持てるのです。

実際に遊んでみました！　現場からのコメント

何度か繰り返しているうちに、「パー」のところで、笑ったり、頭を動かしたり、と「パー」を期待する姿が見られました。

「ごっつんこ」はできなくても、手を握って動かそうとする姿は見られました。

穴からこんにちは

だれが見える？

準備物＊パフリング

子どもの周りにパフリングをたくさん置きます。保育者はひとつ持って、穴から顔をのぞかせながら「こんにちは」と言い、子どもが興味を持ってまねをするように、繰り返します。

発達がわかる遊びのツボ　のぞいてコミュニケーション

保育者をまねて「のぞく」行為は、子どもにとっても興味のあることです。子どもが穴から顔をのぞかせたとき、名前を言ってあげることが気持ちを落ち着かせるとともに、大人との関係性を豊かにする「ツボ」です。

実際に遊んでみました！　現場からのコメント

初めは、保育者に夢中になり、見とれている感じでしたが、そのうち、自分たちの周りにあるパフリングを取り、同じように穴から顔をのぞかせて、笑ったり、おじぎをしたりする姿が見られました。置いてあるパフリングを取り、「やって、やって」と持ってくる姿も見られました。

はい、どうぞ

お手てに乗せてね

準備物＊パフリング

1

子どもは保育者と向かい合わせに座り、パフリングを周りに置きます。保育者は手のひらを出して、「お手てにどうぞして」と言いながら、パフリングを手に乗せてもらうよう促します。

2

乗ったら「ありがとう」と言いながらおじぎをし、手のひらからパフリングを落とします。また「どうぞして」と繰り返して楽しみます。

発達がわかる遊びのツボ 得意げな気持ちとワクワク・ドキドキ感

「どうぞ」や「ちょうだい」は子どもが得意げな気持ちになれるやりとりです。乗せたことに対して、「ありがとう」と言われるうれしさも同時に得られます。また、落ちてくるというワクワク感と、ドキドキ感が楽しさを増すエッセンスです。

実際に遊んでみました！

現場からのコメント

初めは、「何で落ちるんだろう？」と不思議そうなようすで拾い、また乗せていましたが、ひとつ置いて、またその上にひとつ積んで、と積み重ねようとする姿も見られました。

ハイハイ坂道

どんなふうに進もうかな？

準備物＊マット、踏切板 など

マットの下に踏切板を置くなどして、程よい角度をつけます。子どもはハイハイして坂道を下って楽しみます。角度はいろいろと変えてみて、より興味をそそる角度を探しましょう。

発達がわかる遊びのツボ 腕の力を調節する

子どもは転げ落ちないように、自分の腕の力を調節して進もうとします。前から進んだり後ろを向いて進んだりと、この年齢の子どもでも、自分で自分の力量をわかっています。小さいながらも先の見通しを持てているのです。

実際に遊んでみました！

現場からのコメント

なだらかな坂でも、初めは前からハイハイで下りるのは怖いようすでした。横になってゴロゴロとまわりながら下りる子もいました。

角度をつけて、少し急な斜面にすると、後ろ向きで下りようとしていました。

今月のふりかえり

実際に遊んでわかった！ 保育者の学びの目と芽

4・5歳児

92ページ ロケット玉
95ページ 3人プチドッジボール より

共通の楽しさがあれば、遊びの集中度が高まる

『3人プチドッジボール』は、動きが激しくて役割交替も多く、活動を通して3人の関係が成り立っていましたが、『ロケット玉』は、ふたりがポリ袋で玉を飛ばし、あとひとりは玉を拾ってポリ袋にセットして飛ぶところを見るだけでした。しかし、どちらも3人でとても盛り上がっていました。

『3人プチドッジボール』は、「10秒間」と時間を決めて、場所や役割を交替するルールにしていますが、『ロケット玉』は時間を決めていません。なのに保育者が介入しなくても、ちゃんと3人で交替しながら遊び続けていました。その姿を見たときに、子どもたちの中で**共通の楽しさを見つけ出せると、遊びの集中度がしぜんと高まっていく**のだと感じました。

つぎは○○ちゃんが ひろってね
うん

2・3歳児

93ページ おちゃらかゲット（4・5歳児）
99ページ みんなでかごめ より

昔ながらの遊びをその年齢らしく味わう工夫

昔ながらの懐かしい遊びを子どもたちと行なったとき、うまく伝わらなかったり、遊びが成り立たなかったりするときがありました。今と昔とでは状況が違うから…と考えたこともありましたが、その遊びの楽しさを抽出して、**年齢に応じて工夫すれば楽しむことができる**ことを知りました。しかし、本来の伝承遊びを違った形で伝えてしまうことになるのでは、という危惧もありました。

ところが『おちゃらかゲット』で遊んだ後、子どもたちの間で本来の『おちゃらかホイ』がはやりだしました。『おちゃらかゲット』と『おちゃらかホイ』の両方の楽しさを理解できたのだと思います。**よい遊びは、工夫して段階的に楽しめば、本来の伝承遊びの形にたどり着く**のだと感じました。

おちゃらか ホイしよう

0・1歳児

101ページ ばぁばぁばぁで散歩道 より

繰り返す姿から見えるもの

初めはおそるおそる迷路のような道に足を踏み入れる子どもたち。ドキドキする不思議な気持ちや探究心など、いろいろな心の動きを表情に出しながら進んでいきます。すると、子どもの耳に「いな～い、いな～い」という聞きなれた声。この声で少し安心し、「ばぁ！」で大好きな保育者が見えるともっと安心します。いろいろな心の動きを見せながらも、好奇心を持って同じことを繰り返す子どもたち。このように**何度も繰り返しながら遊びを楽しみ、心と体をはぐくんでいる**のだと思いました。

ばぁ
い
ドキドキ

ちょこっと解説

遊びのこと子どものこと

1 運動会の練習も小グループが基本で！

今月は『ロケット玉』や『3人プチドッジボール』のように、3人ひと組で行なう遊びを取り入れました。運動会の競技でも、全体練習の前に、小グループで短時間にたくさん繰り返せるような練習方法を考えることがポイントです。例えばトラックリレー。本番用の練習をする前に、3人ひと組になってひとりずつ走り、エンドレスでバトンタッチを繰り返すと、イキイキしながら取り組め、動きのキレもよくなります。その際、保育者はタッチゾーンを全員同じ場所にせず、トラックの円周上ならどこでもOKにするなどの〝柔らかい考え方〟が求められます。

2 おなじみの遊びも〝柔らかい考え方〟で

『おちゃらかゲット』（93ページ）、『ひげストップ！』（96ページ）、『のねずみダンス』（100ページ）の歌は、だれもが知っている遊び歌です。『ひげストップ！』はゴー＆ストップで全身を動かすようにアレンジしています。さらに発展させると「とんとんとんとんひげじいさん」で動いて止まる『はじめの一歩』のような遊びに発展することも可能です。また、『おちゃらかゲット』は玉を取って勝敗を競うようにアレンジしています。まったく新しいアイディアでなくても、なじみのある手遊びや遊び歌をアレンジすること、それもまた〝柔らかい考え方〟による創意工夫だといえるでしょう。

3 保育者がしたことをまねたときこそ…

102ページ『穴からこんにちは』では、まず保育者が穴から顔をのぞかせます。これを繰り返せば、本来、興味のある動きですから、子どももまねようとします。子どもが保育者の動きに興味を持ち、自分の中に取り込んでまねをしたときこそ「ばあ〜」と声をかけるタイミングです。このような声かけは、応答性のあるかかわりとしてとらえることができ、子どもと保育者の関係を豊かにする大きな手だてになると思います。

11月の箱

4・5歳児 ちょこっとあそび …… P.106
じっくりあそび …… P.108
2・3歳児 ちょこっとあそび …… P.110
じっくりあそび …… P.112
1歳児 おまかせ！なんでもあそび …… P.114
0歳児 おまかせ！なんでもあそび …… P.116
ふりかえり 実際に遊んでわかった！保育者の学びの目と芽 …… P.118
ちょこっと解説 遊びのこと子どものこと …… P.119

ちょこっとあそび 4・5歳児

合っても合わなくても楽しい！

トントンイエーイを3人で

1

3人ひと組になって向かい合って座り、「トントン」で両手を胸の前で2回たたき、「上(または下)！」で両手のひとさし指で上か下かを指します。

2

3人とも同じなら3人で「イエーイ」(ハイタッチ)。ふたりが同じでひとりが違ったら、ふたりで「イエーイ」、ひとりは「エーン」(泣くまね)。

1分程度繰り返したら、メンバーチェンジ。

実際に遊んでみました！ 現場からのコメント

4人組でもやってみました。手が届きにくそうではありましたが、「ふたりずつ同じ」や「3対1」などを経験し、楽しそうでした。これ以上人数が多くなると、確認することに時間がかかり、テンポや動きがあいまいになっていたようでした。

発達がわかる遊びのツボ

4つのパターンを経験できる

8ページの『トントン、上？　下?』では、ふたりで遊び、ふたりの間で習熟を高めました。今回の遊びは、ひとり増えたことで「3人とも同じ」「仲間のひとりと同じ」「もうひとりの仲間と同じ」「自分だけ違う」という4つのパターンを経験します。だれかに合わそうとしたり、自分を貫いたり、さまざまな葛藤が生まれます。また、1分程度でメンバーチェンジすることで、そのつどその子なりに考えるきっかけになります。

3対3でジャンケン対決

グループでドン・ジャンケン宝取り

準備物 ＊ **マット、玉入れの玉、箱**
- 2チームに分かれ、帽子で色分けする。
- マット3枚を離して置き、両端のマットの横に宝物（玉入れの玉）を入れた箱を置く。

1

それぞれのチームで3人ひと組になって、マットの上で横に並びます。先頭3人が真ん中のマットまで歩き、向かい合う子とそれぞれにジャンケンします。

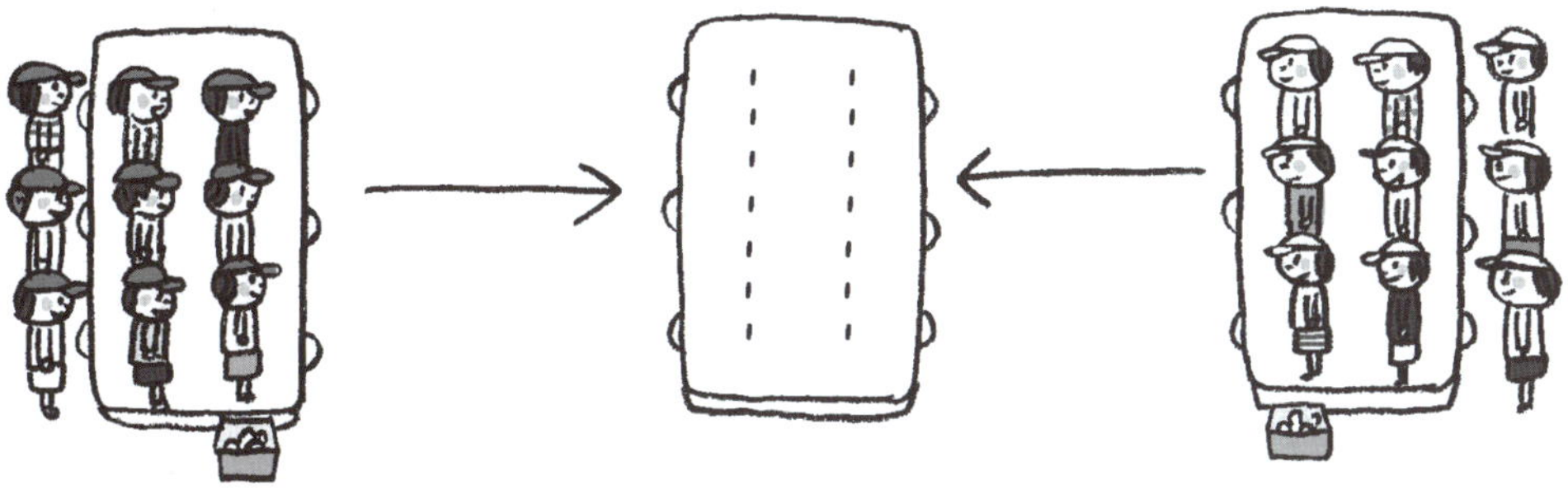

2

「2対1」か「3対0」のチームが勝ちです。勝敗をわかりやすくするために、勝ったチームはバンザイで立ち、負けたチームはその場にしゃがみます。

ジャンケン…!

3

勝った3人は、さらに前に進んで相手チームのマットで次の3人組とジャンケンし、さらに勝ったら宝物を1個ゲットして外側を通って自陣の最後尾に並びます。それぞれのマットから、次々に先頭の列の3人が中央のマットに向かい、同様にジャンケンを繰り返します。

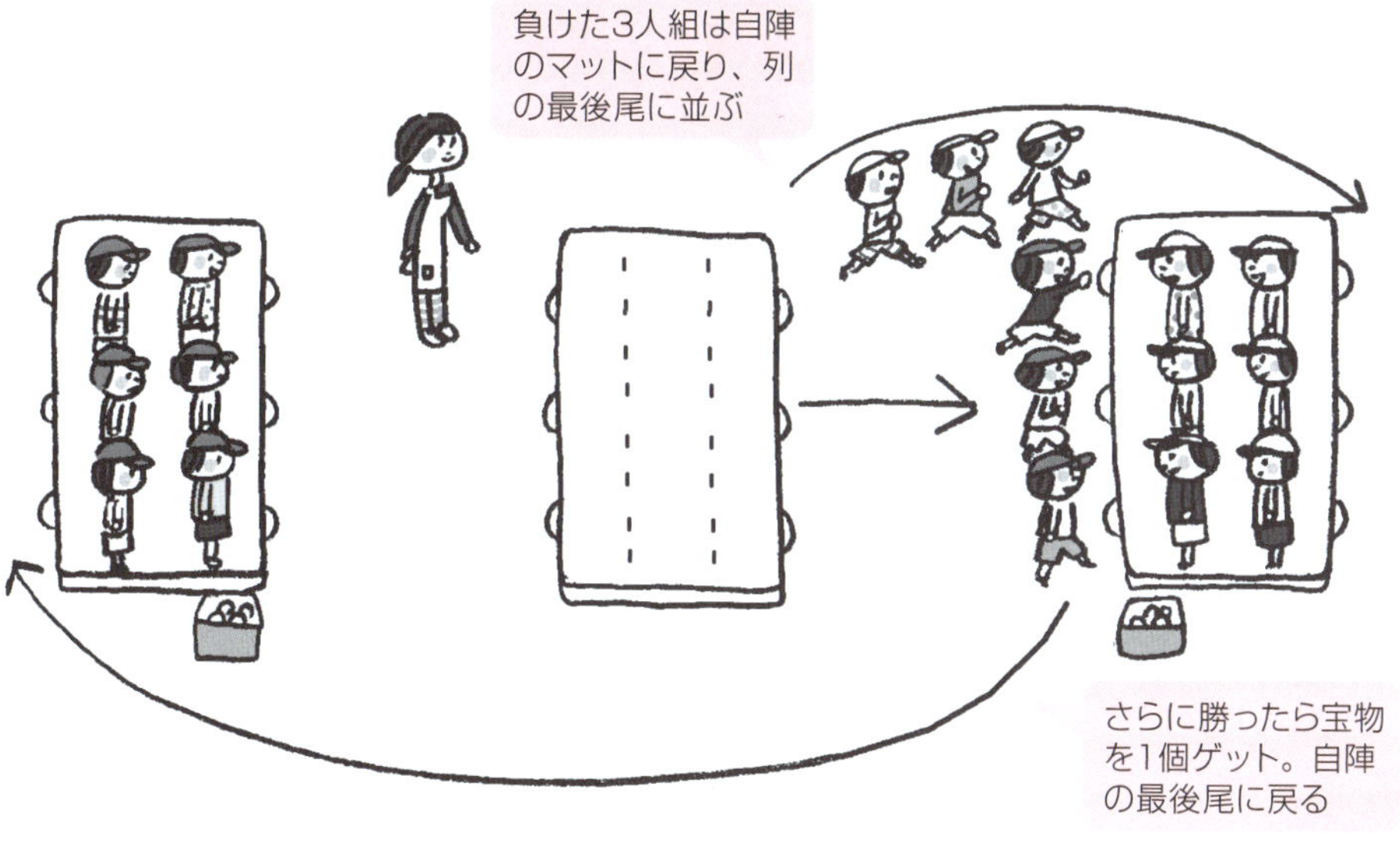
負けた3人組は自陣のマットに戻り、列の最後尾に並ぶ
さらに勝ったら宝物を1個ゲット。自陣の最後尾に戻る

実際に遊んでみました! 現場からのコメント

ふつうの『ドン・ジャンケン』に比べてあいまいさがなくなり、とてもわかりやすかったです。

最初は保育者がジャンケンの結果を知らせる役になり、どちらの3人組が勝ったかを全体に伝えることで、ルールの伝わりが早くなりました。

発達がわかる 遊びのツボ

チーム意識の芽生え

おなじみの『ドン・ジャンケン』をアレンジしています。繰り返す中で、「チーム対抗」で「3人ひと組で結果を共有する」という楽しさを味わえます。3人ひと組なので待ち時間が少ないことも楽しいポイントです。また、「自分は勝ったけどチームとしては負けている」という状況を理解し、受け入れることで、チーム意識の芽生えが見られます。

★詳しくは118ページへ!

じっくりあそび

4・5歳児

作戦をたてて勝負！

チーム対抗宝探しゲーム

準備物 ＊ **マット2枚、玉入れの玉**（5個程度）
• 5～6人のチームを複数つくる。

1

2チームずつで対戦します。1チームがまず隠し役となり、マットの上にうつぶせになって、おなかの下に玉を隠します。ひとり1個ずつでも、ひとりがまとめて隠してもよく、隠していない子が隠しているふりをするなどの作戦もOK。

〈探し役〉
〈隠し役〉
○○ちゃん ふたつね

隠しているときは後ろを向く

2

もう片方のチームが探し役となり、10秒間で何個見つけることができたかを競います。

隠し役は、体を裏返されないように踏ん張ってもよい

10、9、8 ‥
どれかな？
あったー！

探し役は、服は引っ張らず、体を持ち上げて裏返す

＼ここかな？／

実際に遊んでみました！ 現場からのコメント

単純な内容のゲームですが、踏ん張って隠したり、ひっくり返して取ったりといった動きのコツをつかむのに経験が必要なようでした。なので、初めは個人での力発揮をたくさん味わうことを目標に行なったほうがいいようです。

発達がわかる 遊びのツボ

作戦タイムこそチームワークの姿

玉を隠すときに、ひとり1個ずつ隠すのか、何か所かに集めるのかといった「作戦をたてること」を保育者がいかに子どもたちにうまく伝えるかがポイントです。また、話し合っている姿をしっかり観察し、見守ることも大切です。

ボールの多い所に取りに行こう

グループボール集め

準備物 ＊ **マット4枚、ボール15個程度**
- 5～6人のグループを4つつくり、マットを決める。
- 中央にボールを置く。

1

子どもたちはそれぞれのマットに入り、保育者は軽快な音楽を流します。保育者の合図で、全員が中央のボールを取りに行き、自分のグループのマットに1個ずつ持って帰ります。

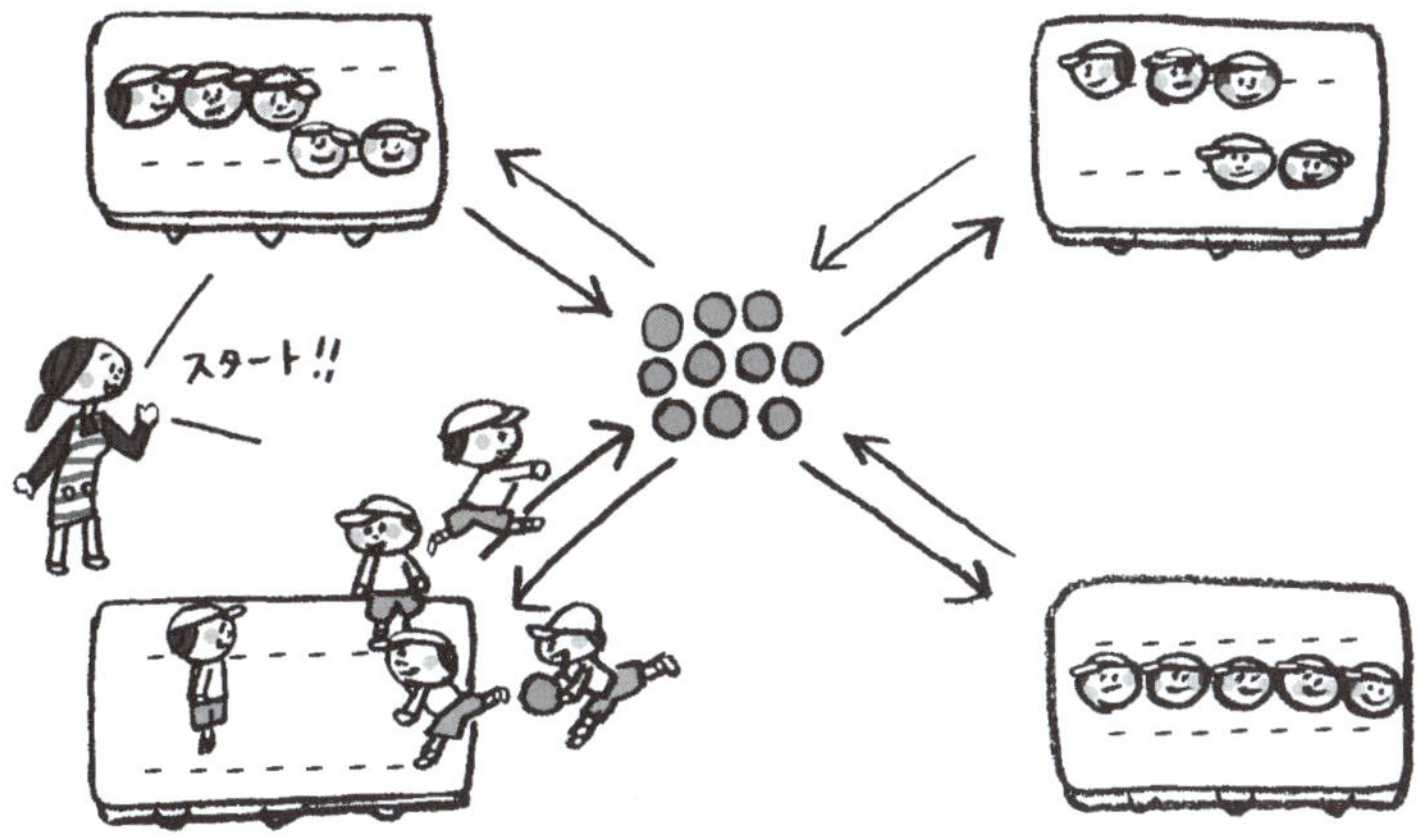

2

次はほかの3グループのマットにボールを取りに行ってもいいルールにします（取りに行くのみで、自分のグループのボールを守るのはなし）。

3

保育者は途中で音楽を止め、「ストップ」の時間をつくります。その際、子どもたちは全体を見回し、ボールの位置などを確認します。

4

音楽を流して再スタート。ある程度の時間でボールの数が多いグループが勝ちです。

実際に遊んでみました! 現場からのコメント

どのマットにボールが多くて、どこが少ないかをキョロキョロと首を振って見ていました。目まぐるしく変わる状況の中で、「あっ、あそこが多い！」と気づいたり、自分で判断したりすることが、おもしろさでもあり、大事な要素であることをあらためて感じました。

1グループは5～6人くらいが、よく話し合えて状況もわかりやすいようでした。しぜんとマットの上であれこれ話し合ったり、「エイエイオー！」と自分たちで声を出したりする姿が見られました。

発達がわかる 遊びのツボ　狭いスペースで運動量いっぱい

狭いスペースでも、しっかりと運動量を確保できます。相手グループが3つあるので、それぞれのグループの状態を見ながら自分の動き方を判断する力が必要です。途中で「ストップ」の時間を設けて、全体を見渡して判断できるよう配慮することで、状況を理解するきっかけにもなります。また1グループの人数を5～6人と少なく設定することで、「グループ」を認識しやすくなります。

ちょこっとあそび

2・3歳児

歌あそび

みんなでどんぐりころころ

おなじみの歌で動いて遊ぼう

♪どんぐりころころ どんぶりこ

全員で手をつないで円になり、『どんぐりころころ』を歌いながら遊びます。

歌いながら同じ方向に回る。

♪おいけにはまって さあたいへん

真ん中に集まってしゃがむ。

♪どじょうがでてきて こんにちは

立って「こんにちは」でおじぎ。

♪ぼっちゃんいっしょに あそびましょう

手をつなぎ、広がって初めの円に戻る。

手を離してバンザイしてジャンプ。

発達がわかる 遊びのツボ

「つながっていっしょ」が心地良い

おなじみの歌に合わせて、円になって集まって…と単純な動きをいっしょに行なう楽しさを感じます。繰り返す中で、ばらつかないように動こうとする気持ちを引き出すことが大切です。年齢や習熟に応じて人数規模を考えて設定しましょう。

実際に遊んでみました！ 現場からのコメント

初めは歌をうたわずに、動きだけを行ないました。それから動きと歌を合わせていくと、一定のリズムが生まれ、子どもたちの表情も笑顔になっていきました。

4～5人くらいでもやってみましたが、少なすぎて動きと歌が合いませんでした。ある程度大人数ですることも成功のポイントだと思いました。

『どんぐりころころ』 作詞／青木存義　作曲／梁田貞

かわいらしく ♩=56
1.どん ぐり ころ ころ どん ぶり こ おいけにはまっ て さあ たいへん
2.どん ぐり ころ ころ よろ こん で しばらくいっ しょに あそ んだが
どじょうがでてきて こん にちは ぼっ ちゃん いっ しょに あそびましょう
やっぱりおやまが こい しいと ない ては どじょ うを こまらせた

ぐるっとまわって友達とタッチ！

タッチタッチタッチ

3つのグループは手をひざの上に置いて座り、1グループは、時計回りで順番にタッチをしに行き、1周したら元の場所に座ります。ルールが浸透したら2グループずつ出発します。

準備物 ＊ **イス**（人数分）
・4グループに分かれる。
・イスを四角形で内向きに並べる。

実際に遊んでみました！ 現場からのコメント

- 初めは時計回りで順番に行なうことは難しいようでしたので、だれとでもいいので、たくさんタッチすることを楽しむことから始めました。
- ルールが浸透したら、2グループずつタッチしに行き、動きを多くしました。また、タッチを頭なでなでに変えても楽しかったです。
- 人数が少ない場合は、2グループ（イスを対面に置く）や3グループ（三角形に置く）にしても楽しめました。

発達がわかる 遊びのツボ

タッチだけでも広がるふれあいの場

タッチすることでふれあい経験を重ねます。全体の参加人数やひとつのグループの適正人数、イスとイスの間隔など、保育者は柔軟に場面設定をして、全体が楽しめるように工夫することが大切です。

詳しくは118ページへ！

じっくりあそび

2・3歳児

ハラハラ&ドキドキを楽しもう

イスの周りをグルグルストップ

準備物 ＊**イス**（5人で3脚）
・5人のグループをつくる。

1

グループごとにイス3脚を並べます。ピアノの音に合わせて5人がそのイスの周りをグルグルまわります。

2

ストップの合図で3人がイスに座り、ふたりはだれかのひざの上に座ります。時間を決めて、繰り返し楽しみます。

実際に遊んでみました！ 現場からのコメント

イスの周りをグルグルまわって、ストップの合図で座るだけでも楽しそうだったので、初めはイス5脚で遊びました。それからイスを減らして、友達のひざの上に座るという見本を見せると、みんなうれしそうに見ていました。実際にやってみると、上に座るほうも、座られるほうも、恥ずかしそうにしながらも、笑顔になっていました。

発達がわかる 遊びのツボ

どんな形になってもハラハラ&ドキドキ

「5人で3脚のイス」という設定は、子どもたちに大きなとまどいを与えます。ひざの上に座ったり座られたり、という経験を繰り返していくうちに、「とまどい」が「納得」に変わっていきます。ルールになじんでくると、ハラハラ&ドキドキしながらも笑顔が生まれます。

グループでかけっこ、円になって座ろう

グループ引っ越し競走

準備物＊**カラー標識**(グループに2個)
・カラー標識を5mくらい離れた位置に置く。
・3～6人のグループをつくる。

グループで、カラー標識を中心に円になって手をつないで座ります。「よーい、ドン」の合図で手を離して、もう一方のカラー標識まで引っ越し(かけっこ)をして、全員で手をつないで円になって座ります。

人数が多い場合は、2～3か所で、同時進行で行ないましょう。

実際に遊んでみました! 現場からのコメント

グループ内でも「自分の走りのほうが速い」や「あの子と手をつなぎたい」といったこだわりが見られました。そのため、カラー標識ではなく、マットに座るようにしてみました。すると移動することそのものを楽しむことができたので、それからまたカラー標識で行なって、円になって座るルールを伝えると、こだわりが薄れて遊びがスムーズになりました。

発達がわかる 遊びのツボ

個々のがんばり(競走)と仲間のがんばり(協働)

「競走」と「協働」を織り交ぜたユニークなアイディアです。円になるときにさまざまなトラブルがありますが、繰り返すことで解消します。時機や年齢、習熟によって、1回の参加人数や走る距離を考慮しましょう。

おまかせ！なんでもあそび 1歳児

体がしぜんに反応する フープをくぐって

準備物＊フープ2本

保育者はフープ2本を少し離して床に立て、子どもはハイハイをしてくぐります。慣れてきたら、2番目にくぐるフープを少し上げます。子どもは、ひざを上げて「高ばい」でくぐります。

発達がわかる遊びのツボ　子どもに合った高さに

自分から進んでハイハイし、しぜんに体が反応して「高ばい」になったりひざを上げたりします。上げるフープの高さは、上げすぎても難しくなります。ひとりひとりに合った高さにできるよう見極めることが大切です。

実際に遊んでみました！ 現場からのコメント

少し高くなった2本目をくぐるときは、いったん立ち止まり、考えてから「高ばい」になってくぐる姿が見られました。

初めはハイハイで行けるので無意識に通り抜けていましたが、2本目をくぐったときにひざがフープに引っ掛かることに気がつき、しぜんとひざを上げて通り抜けていました。

ドキ♥ドキ　ほ～っ！ 「なべそこ」でゆらゆら

保育者は足を伸ばして座り、子どもをその上に乗せて、『なべなべそこぬけ』（わらべうた）を歌って遊びます。

①♪なべなべそこぬけ

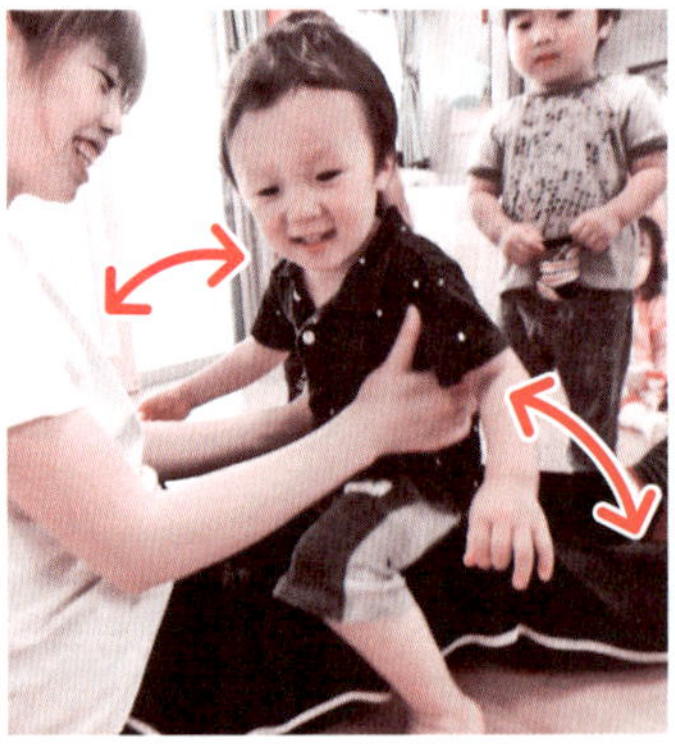

左右にゆっくり揺れる。

②♪そこがぬけたら

ピタッと止まる（期待感を持たせる）。

③♪かえりましょう

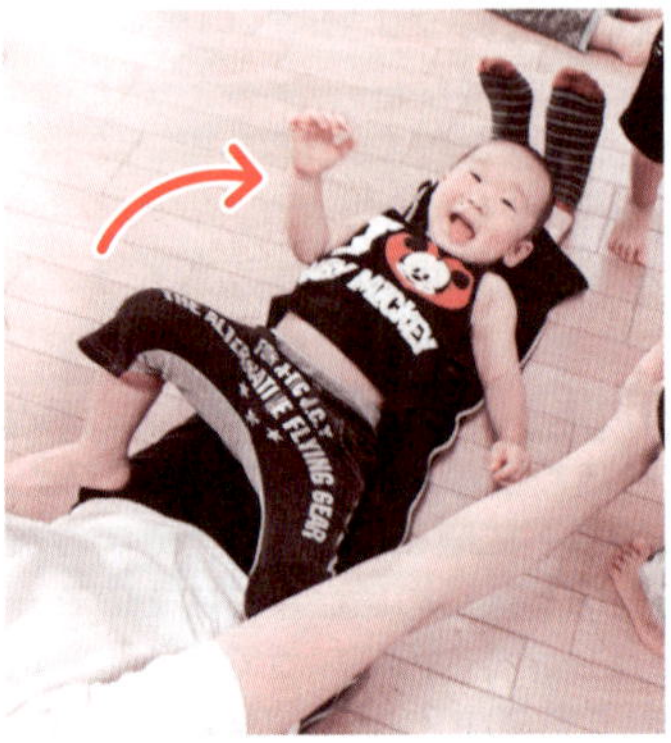

子どもは後ろにひっくり返る。

歌を繰り返し、「♪かえりましょう」のときに右や左、前などいろいろな方向に体を倒して遊びましょう。

発達がわかる遊びのツボ　動きにめりはりを付ける

子どもはドキドキする気持ちと、ほっとした気持ちとを一度に感じることができます。保育者は、「♪そこがぬけたら」のところではピタッと体を止めることが大切です。これで次への期待感が膨らみます。短い遊びですが、その中にもめりはりを付けてみてください。

実際に遊んでみました！ 現場からのコメント

繰り返すうちに「♪そこがぬけたら…」のところで、表情もにこやかになり「♪かえりましょう」の部分への期待感が高くなったように感じました。

ひっくり返ることに初めは抵抗もあったようでしたが、保育者と体が触れ合っていることで安心感もあり、次第に慣れていくようすが見られました。

歌あそび

落とすだけで楽しくなっちゃう マツボックリが お・ち・た！

準備物＊お手玉または玉入れの玉

『まつぼっくり』の歌を、子どもに合わせてゆっくりとしたテンポで手遊びします。

①♪まつぼっくりが あったとさ

おにぎりのように両手でお手玉を握る。

②♪たかいおやまに あったとさ

お手玉を頭の上に乗せる。

③♪ころころ ころころ

ゆっくり歩く（または体を左右に揺らす）。

④♪あったとさ

うつむいて前に落とす。

⑤♪おさるがひろって たべたとさ

お手玉を拾って、食べるまねをする。

発達がわかる 遊びのツボ

わかっていることを繰り返すのが楽しい

落ちるのがわかっていながらも、お手玉を落とすのが楽しいのでしょう。「あっ、おちた!」と、あったことをそのまま復唱することが子どもはおもしろいのです。

実際に遊んでみました！ 現場からのコメント

なじみのある歌だったので、子どもたちもすぐになじんでまねをしていました。頭の上に置くときは、最初は手を添えながらしていましたが、次第に手を離してバランスを取って遊ぶ姿が見られました。また、最後の食べるまねも喜んでいました。

『まつぼっくり』 作詞／廣田孝夫 作曲／小林つや江

山を登ってひと息ついたらジャンプ 一本橋でGO!!

準備物＊大型積み木、フープ、巧技台、とび箱

子どもがひと呼吸で渡れる長さにサーキットを設定します。

A 巧技台に乗ってひと息ついたら、両足ジャンプでフープに入る

B とび箱からも同じように両足ジャンプ（慣れてきたら2段にする）

＼よいしょ／

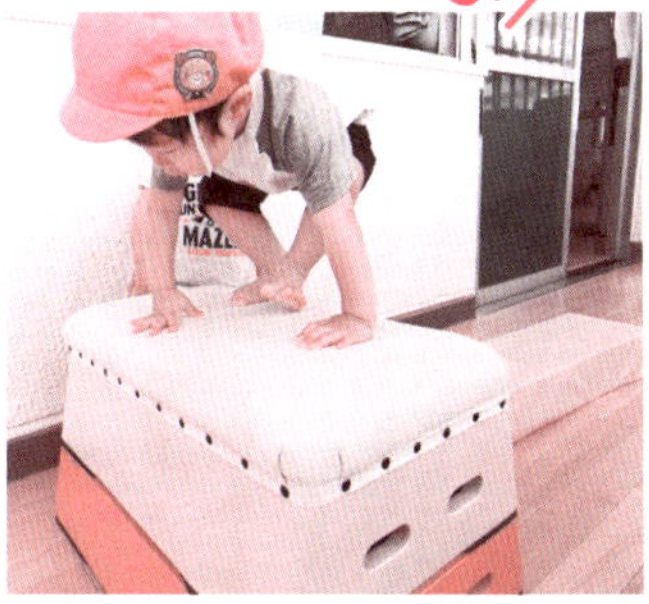

実際に遊んでみました！ 現場からのコメント

Aでは、一本橋からの流れでしぜんに山からジャンプする姿が見られましたが、少し高く設定しているBでは、一度止まってから見下ろし、ゆっくりとジャンプをしていました。とび箱を高くすると座りながら下りたり、保育者に手を添えてもらいながら下りたり、後ろ向きに下りたりする姿が見られました。

発達がわかる 遊びのツボ

チャレンジしやすい配慮を

子どもの目線の先に「おっ!」と思えるような山があることが大切です。一本橋も渡れて目標物にチャレンジできるように配慮することが遊びのツボでしょう。山は子どもが力を発揮できる高さ（腰より少し高いぐらい）に設定しましょう。

詳しくは118ページへ！

おまかせ！なんでもあそび 0歳児

ビリビリ破って 新聞紙で遊ぼう

準備物＊**新聞紙**
・新聞紙に少し切り込みを入れておく。

子どもに「ここを握ってね」と言い、新聞紙の端を持つように促します。「せーの」の合図とともに、保育者が移動して、ビリビリと新聞紙を破って楽しみます。

握ったりたたいたりして遊びましょう。

実際に遊んでみました！ 現場からのコメント

ビリビリと破れていくようすを最初はまじまじと見つめているだけでしたが、3〜4回目になると、自分で破くことを楽しんでいました。その後に、ぐちゃぐちゃにするのも楽しそうでした。

発達がわかる 遊びのツボ　音が意欲を引き出す

「握る」は、乳児が好んで行なう動作です。破れるときの「ビリビリ」や、つかんだときの「グシャグシャ」「バシバシ」という音が、子どもの意欲を引き出しています。

歌あそび　手がどうなる？ どこから、ポロン？

『あたまかたひざポン』（作詞不詳、イギリス民謡）の替え歌で手遊びします。子どものようすを見ながら、ゆっくりと遊びましょう。

♪頭から手がポロン〜

両手を頭に乗せて、片方ずつ手をポロンと前に出す。

♪最後はこちょこちょ

おなかをこちょこちょ。

♪おなかから手がビヨ〜ン〜

おなかに手を当てて、手をビヨーンと前に出す。

♪最後はこちょこちょ

おなかをこちょこちょ。

実際に遊んでみました！ 現場からのコメント

「ポロン」「ビヨ〜ン」の手の動作を見て盛り上がる姿がありました。何度か行なうと、「こちょこちょ」のタイミングを理解し、する前に反応して笑っていました。

発達がわかる 遊びのツボ　盛り上がるところをわかりやすく

なじみのある手遊びのアレンジは、盛り上がるところがわかりやすく、楽しめます。「こちょこちょ」の前に子どもが笑うのは、予測するチカラが働いているからです。

どこに行っちゃうのかな?
こっちよ〜!

準備物＊
大きめのバスタオル

1

保育者はバスタオルをかぶり、子どもたちがいる場所から少し離れた所に隠れます。「さぁ、こっちに来て!」と言いながらバスタオルから出てきて、子どもたちがハイハイかよちよち歩きで近づいてきたら、ギューッとハグします。

2

「では、またね」と言いながら、違う場所に移動し、また「こっちよ〜」と誘います。場所を変えながら「声をかけて飛び出る」「子どもたちが近づいたらギューッ」を繰り返して遊びます。

発達がわかる 遊びのツボ
追いかけることで信頼が生まれる

初めは「何が始まるの?」という感じになると思いますが、徐々に逃げて行く保育者の姿がおもしろくなっていきます。「後を追う」という行為は、子どもと保育者との信頼関係を築くことでもあります。

実際に遊んでみました! 現場からのコメント

タオルをかぶっていたので、警戒心を持っていたのか顔を出してもしばらくは近づいてきませんでした。ひとりが保育者のところへたどり着いてギューッとされる姿を見ると、後からほかの子も近づいてきました。

繰り返していると、違う場所に移動するときに、いっしょに後からついてきて、タオルをおもしろがってめくろうとする姿がありました。

じょうずにくぐれる?
トンネルごっこ

保育者がいろいろなトンネルをつくって、子どもがくぐっていきます。

立って足を広げる

四つんばい

両手両足をついておしり上げ

発達がわかる 遊びのツボ
トンネルに合わせた姿勢になる

いろいろな大きさのトンネルをつくることによって、くぐるための姿勢を子どもなりに考えます。保育者のトンネルだと当たっても痛くないので、何度も繰り返して遊べるでしょう。

実際に遊んでみました! 現場からのコメント

立って足を広げたトンネルをくぐるときは、上に視線を上げ、保育者と顔を見合わせたり、トンネルを行ったり来たりすることを楽しんでいました。

四つんばいのトンネルは、くぐるのではなく、トンネルを支えにして立ち上がろうとする動きもありました。

今月のふりかえり

実際に遊んでわかった！

保育者の学びの目と芽

4・5歳児

107ページ **グループでドン・ジャンケン宝取り** より

理解するプロセスやスピードの違いを受け止める

3人対3人でジャンケンをするとき、自分が勝ってもほかのふたりが負けたらグループとして負け、というルールに納得できない子がいました。ルールだからしかたがない、といったところで納得しません。そこで、その子の悔しい気持ちをいっぱい聞いてみると、ほかのふたりもいっしょに「くやしい」と言ってくれました。次に順番が回ってきたときは、グループとして勝つことができましたが、そのときは3人で喜んでいました。でも、次は負けて、また納得していませんでした。

その姿を見たときに、**子どもひとりひとりの理解するプロセスやスピードは違う、ということにあらためて気づきました。**そして、みんなといっしょに理解できないことは、当然悪いことではないので、その子や周りの子**の育ちや学びの機会、として受け止められるゆとりを保育者自身が持ち、接する必要がある**と感じました。

2・3歳児

111ページ **タッチタッチタッチ** より

力の調節を遊びの過程で学ぶ

初めは、立っている子も座っている子も互いに手を出してハイタッチのようにしていました。すると、力がぶつかり合って、タッチが「押された」感覚となり、不快感を覚える子がいてトラブルにもなりました。そこで、座っている子は手をひざに置くこととし、力の調節を立っている子に任せる形にしたところ、力がぶつかり合うことがなくなり、タッチしやすくなったようでした。また、強いタッチになったとしても、片方が「いたい」と言うので、言われた子も**自分の力の強さが原因だと気づき、相手に合わせた力の調整を考えるキッカケ**となりました。

こうした体を触れ合う遊びは、子どもによって感じ方がさまざまなのでトラブルになりやすく、つい避けてしまいがちですが、そうしていたら、今回のような気づきを発見できないところでした。

0・1歳児

115ページ **一本橋でGO!!** より

環境を整えて子どものやる気を引き出す

子どもの心の中で、「渡り切れるかな？ どうかな？」という気持ちがあったときに、目標とするものが目の前にあれば、「よし！ いってみよう！」と気持ちの変化が生まれます。橋を渡り終えて、その勢いで高いとび箱もよじ登ろうとします。**子どもの心の変化をうまく読み取り、環境を整えることで、子どものチャレンジ精神を引き出すことができる**のです。子どものやる気を引き出すチャンスです。

ちょこっと解説

遊びのこと子どものこと

1 ちょっとしたアレンジで楽しさ100倍！

従来の『ドン・ジャンケン』は、勝ち負けがあいまいになるだけでなく、加わりたい子どもがたくさん集まって長蛇の列ができてしまい、結局楽しみが続きません。しかし、107ページの『グループでドン・ジャンケン宝取り』のように、3人ひと組というグループ対抗にすると、一度に6人参加できますから、すぐに自分の出番がきます。こうした「待ち時間をなくす」ルールづくりは大切です。そして3人のうち勝者が多いほうが勝ち、というルールによって、「グループ意識」が刺激されます。また、勝つと玉をゲットできることから「チーム対抗戦」にもなります。こうしたアレンジによって、いつもの『ドン・ジャンケン』よりひと味もふた味も違う愉悦感をもたらすのです。

2 競走と協働のミックスで新たなタイプの活動

「よーい、ドン」のかけっこでの力発揮や、何人かの仲間で輪をつくるような活動は、それぞれ別々であれば、2～3歳児でもできるでしょう。しかし、113ページの『グループ引っ越し競走』のように、この両方を合わせてひとつの遊びにするとなると、4～5歳なら競争意識の中で取り組むことができても、2～3歳児では、初めはうまくいかないかもしれません。

遊んでいる姿を見ていると、まずは競走で力発揮することが、子どもたちの積極性を促し、そこから協働（協力）する力発揮に変化しているようです。協働（協力）の意識を身につけるには、まずは競走（競争）のルールを取り入れた遊びをすることが有効であると思われます。

3 おなじみの歌で仲間意識

『どんぐりころころ』に振りを付けてみんなで輪になって動くと、歌になじみがあるぶん、動くことの楽しさも広がります。体を動かすための新しい曲は次々と出ていますが、2～3歳児には、はっきりとわかりやすい歌詞で、ゆっくりとした区切りのよいリズムの曲が最適です。110ページの『みんなでどんぐりころころ』のように、動きにめりはりがあってはっきりしていると、子どもにもわかりやすく、繰り返す意欲が高まります。2～3歳児でも関係性や協同性は保育の中の大切な柱です。このような単純な遊びでも有意義な活動であるといえます。

12月の箱

4・5歳児	ちょこっとあそび	P.120
	じっくりあそび	P.122
2・3歳児	ちょこっとあそび	P.124
	じっくりあそび	P.126
1歳児	おまかせ！なんでもあそび	P.128
0歳児	おまかせ！なんでもあそび	P.130
ふりかえり	実際に遊んでわかった！ 保育者の学びの目と芽	P.132
ちょこっと解説	遊びのこと子どものこと	P.133

ちょこっとあそび 4・5歳児

天狗の鼻DE対決

逃げるか、追いかけるか、わくわくどきどき

1

ふたり組になって向かい合って座り、どちらが先攻かを決めます。手をグーにして鼻の上に重ねて「天狗の鼻」をつくります。

2

先攻の子どもが「せーの」の合図を出し、「あっちむいてホイ」の要領で、「天狗の鼻」を「おでこ、右ほお、左ほお、あご」のどこかに動かします。

＼おなじだー／

同じ位置になったら

後攻はおしりスリスリで逃げ、先攻の子どもが追いかけてタッチ。タッチされたら、また先攻後攻を決めて、繰り返します。

＼ちがった！／

違う位置になったら

「引き分け」なので、手を鼻の上に戻し、次は先攻を交替して、「せーの」で勝負を繰り返します。

実際に遊んでみました！ 現場からのコメント

4歳児で行なったときは、わざと同じ位置になるようにして、追いかけっこをすること自体を楽しんでいる姿も見られました。

5歳児は、「天狗の鼻」のルールはすぐに理解でき、遊びも楽しめていました。追いかけるルールにしたときは、少しとまどっていたようでしたが、慣れるとスムーズになり、保育者が介入しなくてもふたりで遊びが成り立っていました。

発達がわかる 遊びのツボ　初めはルール理解から

初めにルール理解のために「天狗の鼻」を動かす遊びだけ行なって、追いかけっこはルールに慣れてからにします。逃げる範囲が広すぎるとタッチがしづらくなるので、場所を区切るなど狭い場所で繰り返すことで楽しさが持続します。

リングよ、来ないで！ バトン鬼

フープをランダムに置き、1チームはフープに座り、もう1チームはリングを持ちます。リングを持つチームの子どもは、鬼にタッチされないように逃げ回り、リングをフープに座っている子どもに渡します。

準備物 ＊ **フープまたはイス、リング**
・鬼を数人決めて帽子をかぶるなどし、残りは2チームに分かれる。
※鬼の人数の目安は、30人なら鬼2～3人、20人なら鬼1～2人に。

鬼はリングを持っている子をタッチしに行く
タッチ！
はい！
鬼にタッチされたら、すぐ近くに座っている子どもにリングを渡して交替
リングを渡した子は渡した子のフープに座り、リングをもらった子は、逃げてまた別の子のフープにリングを渡しに行く

こうたい！

いくぞー！

バリエーション
鬼交替バージョン

鬼にタッチされたらその場で鬼を交替してスタート。

つかまっちゃった～
鬼

実際に遊んでみました！ 現場からのコメント

初めは鬼なしで、リングを渡して座るのを交替する遊びとして楽しみました。その後鬼を設定したら、スムーズに遊べました。

5歳児では、「ずっとリングを持って逃げたい」と逃げ回る子がいましたが、鬼にタッチされたらすぐ近くの人に渡すというルールはしっかり守るようにすると、スムーズにできました。

詳しくは132ページへ！

発達がわかる 遊びのツボ 人数を調整して

走る、座る、のめりはりがあり、狭い場所でも走る人数を調整できるので、ぶつかることも防げます。ドキドキ感がとぎれないように、フープに座って待つ時間が少なくなるように人数調整しましょう。

じっくりあそび

4・5歳児

鬼がいなくなる!?

グルグルドッカーン鬼ごっこ

1

鬼を数人決めます（15～20人なら鬼は3～5人、25～30人なら鬼は4～6人）。鬼にタッチされた子は、鬼と手をつないでふたりで鬼になって追いかけます。そのふたりの鬼にタッチされたら、3人で手をつないで鬼になります。

2

鬼が4人組になったら、その場で手をつないでグルグル同じ方向にまわって、「ドッカーン」と言って解散（鬼でなくなる）。ひとりずつバラバラになって逃げます。

鬼がいなくなったら終了。再び鬼を決めて再開する。

実際に遊んでみました! 現場からのコメント

わざと捕まる子どももいて、4人集まって解散した後は、走り回っていました。

おおいに盛り上がっていました。わざとタッチされに近づいたり、タッチする子を選んだりする姿がありましたが、それぞれ必死に走り回り、「追いかける、逃げる、助ける」役割を楽しんでいました。

発達がわかる遊びのツボ

鬼がいなくなるルールがおもしろい

「遊んでいるうちに鬼がいなくなる」という、従来の鬼遊びのイメージを大きく覆す画期的?なルールです。「追いかける」「逃げる」そして鬼が4人になって解散できるようにあえて捕まりに行く＝「助ける」の役割が交錯して、走って、逃げて、捕まっても、気分はみんなスッキリ!

取られたら、仲間に〝お願い〟

グループでゴー

スタート位置に、3人でひとつのフープを置いて「基地」にします。各グループでひとりずつタオル（しっぽ）を付けてスタートし、鬼ゾーンをくぐり抜けてゴールを目ざします。

準備物＊

タオル（しっぽ用）、**玉入れの玉、フープ、箱、マット、カラー標識、平ゴム**

- 3人組をつくる。
- スタートとゴールを決めて、間にマットを置いて鬼ゾーンとする。
- 鬼ゾーンに入る2グループ（6人）を決める。
- ゴール地点に箱を置き、中に玉入れの玉を入れる。
- カラー標識と平ゴムで範囲を設定する。

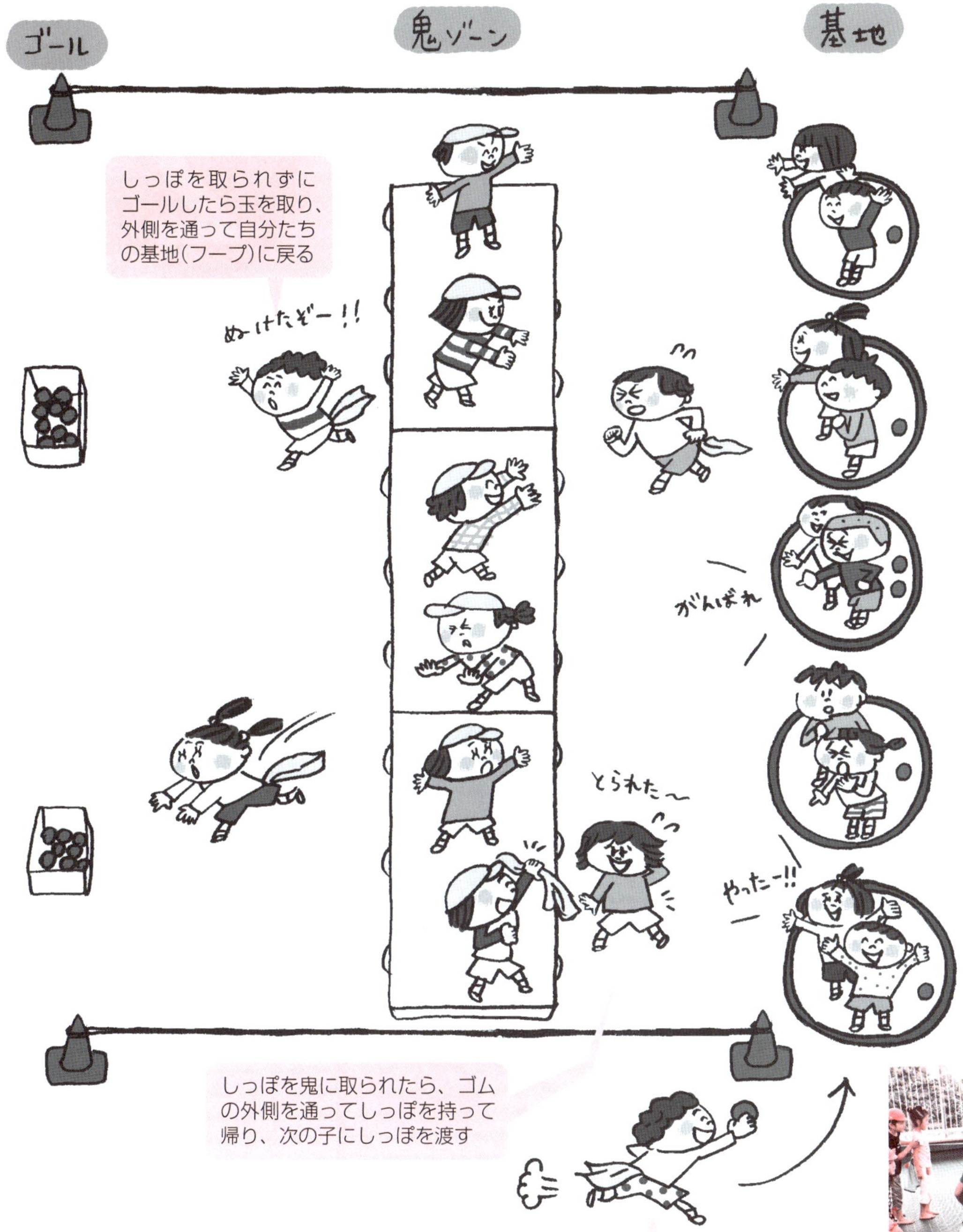
ゴール
鬼ゾーン
基地
しっぽを取られずにゴールしたら玉を取り、外側を通って自分たちの基地（フープ）に戻る
ぬけたぞー!!
がんばれ
とられた〜
やったー!!
しっぽを鬼に取られたら、ゴムの外側を通ってしっぽを持って帰り、次の子にしっぽを渡す

取った玉を基地に入れ、次の子にしっぽを渡して交替

鬼の役割をローテーションし、最終的にグループで何個玉を集められたかを数える。

とおさないぞ！

実際に遊んでみました！ 現場からのコメント

4歳児では、鬼がしっぽを取るのは難しいようでした。そこで、保育者が鬼になると、逃げる子どもたちも通り抜けることに必死になれて、たくさん楽しめていました。

5歳児では、徐々に3人の中でつながりが芽生え、しぜんと応援する姿が見られました。3人組がちょうどよい人数のようでした。出発のスピードを上げるために、次の子がしっぽを付ける役割をするなど工夫するグループもありました。

発達がわかる 遊びのツボ 仲間意識を感じられる

自分がダメでも仲間がいる、仲間がダメなら自分ががんばってみる、仲間の姿を見ながら自分の逃げるイメージづくりができる、そんな仲間意識を感じることができる遊びです。

ちょこっとあそび
2・3歳児

おうちがあるから安心
ひげじいさんで鬼ごっこ

準備物＊マット数枚

1

『とんとんとんとんひげじいさん』のメロディーに合わせて遊びます。全員マットの上からスタートします。「♪とんとんとんとん」で手をトントンしながら、保育者を先頭にして前に進み、「○○じいさん」のときに、保育者がそのポーズをして振り返り、子どもたちも同じポーズでストップ。

トントン…
ひげじいさん!
パッ

2

「♪キラキラキラキラ　オオカミさん」で、保育者は「ガオー!」と言って子どもたちを捕まえようとし、子どもたちはマットに逃げ帰ります。

ガオー!
キャー
クルッ
キャー

♪『とんとんとんとんひげじいさん』
→楽譜は9ページ　作詞／不詳、作曲／玉山英光

実際に遊んでみました! 現場からのコメント

初めて行なったとき「ガオー」と言うとびっくりしていましたが、「マットのおうちに逃げればいいよ」と伝えると、すぐに入って安心していました。

保育者より前に出て「トントン～」とする子もいましたが、それはそれでいいことにして進めました。オオカミになったら泣いてしまう子もいましたが、マットがあることを伝えると安心していました。

発達がわかる 遊びのツボ
順番は常に同じにする

この年齢の子どもたちにとっては、1フレーズごとに「オオカミさん」に近づくことが、ハラハラドキドキ感を高めます。「○○じいさん」の順番を変えたり、いきなり「オオカミさん」になったりしないことが大切です。

詳しくは132ページへ!

隠れて安心、そしてドキドキ

オオカミさん、やってくる!?

準備物＊**折り畳めるマット数枚**
・マットを2〜3メートルほど離して立てる。
※マットがない場合は、テーブルを2台横並びに寝かせて、真ん中の脚を畳み、両サイドの脚にタオルを掛ける。

1

子どもたちはマットの後ろに隠れます。保育者はオオカミになって「トントン」とノックしたり「ピンポーン」と言ったりして、子どもたちと「なんのおと?」「○○の音」といったやりとりを楽しみます。

2

保育者が「オオカミがきたよ〜!」と言ったら、子どもたちは前のマットへ隠れに行きます。

同様に繰り返します。

実際に遊んでみました! 現場からのコメント

隠れることで緊張感が増すようでした。急にオオカミが出てくると怖いだけですが、「トントン」や「ピンポーン」のごっこ遊びをしたり、オオカミになるタイミングをパターン化したりすると見通しが持てて楽しめていました。

次のマットに逃げたときは、みんなで肩を寄せ合って隠れる姿が見られました。

発達がわかる遊びのツボ **繰り返しが楽しい**

隠れて、逃げて、また隠れる、この繰り返しによってドキドキ感と安心感が交互にやってくることが遊びのツボです。

じっくりあそび 2・3歳児

こちょこちょマン

くすぐったいけどこちょこちょして〜

1

逃げる範囲を決めておき、子どもたちは全員手を頭に乗せてしゃがみます。保育者が「こちょこちょマン」になり、「こちょこちょマン」にわきの下をこちょこちょしてもらったら、立って逃げることができます。

2

全員が逃げたら、保育者は「3、2、1」とカウントし、「0」でまた全員手を頭に乗せてしゃがみ、再びスタートします。

3

ルールに慣れてきたら、「逃げた後にこちょこちょマンが追いかけてタッチする」というルールにします。

タッチされた子は再びしゃがむ。保育者はころ合いを見て、「3、2、1、0!」とカウントし、「0」で全員しゃがんでリセットしてから繰り返す。

実際に遊んでみました! 現場からのコメント

カウント「0」で全員しゃがんで座っていました。「動く」「止まる」の動作がわかりやすく、楽しめたようでした。

タッチのルールを追加したとき、タッチされてもしゃがまずに逃げている子がいました。タッチされている実感がないようでしたが、周りでタッチされている子が座っていくようすを見て、徐々に理解できたようでした。

発達がわかる 遊びのツボ　鬼遊びの導入に

遊びのルールの中で、くすぐられることの楽しさと怖さの微妙な気分を味わえます。タッチされたら止まる、合図で再び動き出す、などのルールを繰り返すことで、鬼遊びの導入にもピッタリです。

取られたって平気へいき

ネズミごっこ

準備物＊**マット数枚、縄跳び**（しっぽ）

1

マット2枚を対面に置き、片方のマットの上から、スタートの合図で反対のマットへ移動します。マットへ到着したらOK。合図でまた反対へ。

スタート!
3.2.1…

次はマット3枚を三角形に並べ、スタートの合図でマットからマットに移動します。保育者が「3、2、1、0」とカウントしている間に移動できればOK。

2

保育者がネコ、子どもたちがネズミになり、子どもたちは縄跳びを腰に付けます。スタートの合図で、子どもたちはマットからマットへ移動し、保育者がしっぽを取ろうとします。

マットから出ているときにしっぽを取られたら、しっぽ屋さんのマットに行ってしっぽを付けてもらい、復活できる
マットに入れば取られない
はーい
とられた～
しっぽ屋さん

実際に遊んでみました！ 現場からのコメント

「しっぽ屋さん」に行くことで、安心して参加して気持ちを切り替えられていました。「しっぽがつけられない」と気分が滅入ることもなく、楽しく参加することができていました。

音楽や歌の間に移動し、止まったら子どもはマットに入り、保育者がしっぽを取りに行く、というイス取りゲームふうに行なってみると、いつ動いて、いつマットに入るかさらにわかりやすくなったようでした。

発達がわかる 遊びのツボ

何度でも復活できるのが楽しい

取られても「しっぽ屋さん」でしっぽを付けてもらえるので、怖がらず、何度でも意欲的にチャレンジできます。

おまかせ！なんでもあそび 1歳児

風船キャッチ

いろいろ風船、キャッチ！

準備物＊**風船3個**（色が違うものがよい）
・風船を20㎝程度に膨らませ、水の入っていない物、水10㏄を入れた物、水25㏄を入れた物を作る。
（水は膨らませる前に入れる）

まずは水の入っていない風船を子どもの胸の辺りにふわっと投げます。じょうずに取れたら、「取れたね」など声をかけましょう。同じように、水の入った風船も投げます。

発達がわかる遊びのツボ　変化に対応する

重さも動きも異なる風船をキャッチしながら、風船の“不思議”を感じられます。水の入っていない風船から始めて、その後、水の入った風船へ。変化に対応できるかどうかがツボです。

詳しくは132ページへ！

実際に遊んでみました！

現場からのコメント

ひとつひとつ取ることを優先すると、取ることができていました。3つを同時に上から落とすだけで喜ぶ子どももいましたが、自分の欲しい物を見ながら手を出す子どももいました。

歌あそび　大きなクリでゴロン！

木の下で“ゴロン”

床に座り、『大きな栗の木の下で』の歌に合わせて手遊びをします。

♪おおきなくりの　きのしたで（ゴロン）
♪あなたとわたし（ゴロン）
♪なかよくあそびましょう（ゴロン）
♪おおきなくりのきのしたで（ゴロン）

休符のときに、ゴロンと寝転がる（手をついてもOK）。保育者が「起きて、起きて」と声をかけ、全員が起き上がったら続きをします。

同様に「ゴロン」で転がり、起き上がる、を繰り返す。

『大きな栗の木の下で』　作詞／不詳　イギリス民謡

発達がわかる遊びのツボ　次の遊びの準備ができる

初めに「起きて、起きて」と声をかけることで、子どもは活動の流れを理解します。コツをつかみ取れれば、子どもみずから起き上がり、次の遊びへと準備するでしょう。

実際に遊んでみました！

現場からのコメント

繰り返すうちに起きるタイミングがわかるのか、「起きて」と声をかけなくても自分から起き上がり、次の遊びへと進めようとする姿がありました。

ゴロンと転がる動作が楽しいようで、「ゴロン」が近づくと声を出して笑い、次の動作を楽しみにしていました。

歌に合わせてパッチン

いろいろなところでタッチ！

『ピクニック』（作詞・作曲不詳）の手遊び歌の歌詞を変えて遊びます。初めは自分で、慣れたら保育者とタッチしても楽しいでしょう。

①♪はじめは　おててで
パチパチ　パッチン
（パッチーン）

手をパチパチ鳴らし、最後に1回パチン。

②♪おつぎも　おててで
パチパチ　パッチン
（パッチーン）

同じように繰り返し、最後に1回パチン。

③♪あたま　かた
おひざにタッチ
（パッチーン）

手で頭、肩、ひざにタッチしていき、最後にひざを1回タッチ。

④♪みんなで　タッチ（パッチーン）

手をパチパチ鳴らし、最後に1回ハイタッチ。

発達がわかる遊びのツボ　**自分に、友達にタッチ**

リズムが基本です。初めは保育者といっしょにリズムを取りながら遊ぶことが大切です。子どもは見てまねてリズム感を理解し、自分の体にタッチ、友達にタッチと活動を広げることもツボです。

実際に遊んでみました！ 現場からのコメント

最初は保育者の動きを見つめているだけでしたが、何度か繰り返すと歌に合わせて自分の体に触れるような動きを始めました。遊びが進むにつれて、リズムも取れるようになってきました。

倒れるぞ〜、わぁ〜

マットでばた〜ん！

準備物＊**軽量マット**

マットの片側を3〜4人で持ち上げ、マットといっしょに「ばた〜ん」と倒れます。繰り返して楽しみましょう。

実際に遊んでみました！ 現場からのコメント

最初はマットを倒すことだけを楽しんでいました。保育者がマットといっしょに倒れる見本を繰り返し見せていくと、子どももいっしょにできるようになり、その後は繰り返し楽しんでいました。

発達がわかる遊びのツボ　**安全に楽しく倒れる**

子どもが、いかに安全にマットといっしょに倒れることができるか、がコツ。子ども以上に保育者がうまくフォローできるように何度もトライしてみましょう。

おまかせ！なんでもあそび 0歳児

♪グーグーグーグー
グーグーグーグー
かくれんぼ
かくれんぼ

保育者が玩具を持って、子どもに見せる。

発達がわかる遊びのツボ　探求心の高まり

見える物より見えない物（手の中にある物など）に対する探求心が、月齢を追うごとに高まります。「見たい」という思いが、保育者の手を開かせようとする「かかわり」になっていくのです。

手を開いて見せて　どっちかな？

準備物＊お手玉やブロックなど保育者の手の中に隠れる大きさの玩具

『グーチョキパーでなにつくろう』（作詞不詳、外国曲）の歌に合わせて遊びます。

♪コロコロコロリン
コロコロコロリン
どっちかな？
どっちかな？

手の中で転がして、どちらかの手に隠して「どっちだ？」と手を出し、子どもが手を開かせようとしたら、パッと開いて見せる。

実際に遊んでみました！　現場からのコメント

どっちに入っているかよりも、握っている物をのぞきたい気持ちが強かったようです。出てくるたびに保育者が「うわぁ～出てきたね」というリアクションをしているうちに、うれしそうに笑ってくれるようになりました。

ぱっと離せばチリン・パン　チリンでPAN！

準備物＊鈴、ゴム、段ボール
・段ボールに鈴を通したゴムをはる。

ゴムをはじいて、「チリン」「パン」という音を楽しみます。

実際に遊んでみました！　現場からのコメント

指先で持つことはじょうずにできるのですが、離すことは思った以上に苦戦していました。「ぎゅ～」（握って引っ張る）と「ぱっ」（離す）を、横で保育者が言いながらやっていくと徐々に理解できてきました。鈴の「チリン」よりもゴムの「パン」という音のほうがおもしろそうでした。

発達がわかる遊びのツボ　「引いて離す」力の調節

「離す」と「音が出る」。この関連がわかると、力の入れぐあいを自分なりに調節しようとします。子どもが自分の力で引いて離すことができるように玩具の設定をしてください。

どこへ行こうかな？

バッグでお散歩

保育者は大きめの紙袋を持ってうろうろします。子どもが注目してきたら、紙袋を手渡し、子どもは自由に遊びます。紙袋の大きさをいろいろ変えてみても楽しめるでしょう。

準備＊大きめの紙袋

実際に遊んでみました！ 現場からのコメント

「何かある？」と紙袋をのぞくところから始まりました。何もないことが確認できたら、次は袋を持って動き出しました。何も入っていないのに、よいしょ、という感じで運ぶ姿がとてもかわいらしかったです。紙袋は、やや大きめのほうが楽しそうに遊んでいました。

発達がわかる遊びのツボ　見せ方を工夫して

紙袋も「おもしろそう！」な玩具になります。子どもが関心を持つような見せ方を工夫してみましょう。

片足でバランスを取れるかな？

よっこいしょ！

保育者は足を開いて座ります。子どもと手をつなぎ、子どもは保育者の足をまたぎます。連続でまたげるように繰り返しましょう。

発達がわかる遊びのツボ　片足バランスの経験

「またぐ」ためには、片足に重心を乗せないといけないので、見た目以上に困難です。まだ歩行が確立していない子どもには、保育者が手を添えることで、片足バランスの経験ができます。

実際に遊んでみました！ 現場からのコメント

初めは“またぐ”ことが理解できなかったようで、足の上に乗ったりしていましたが、回を重ねると、「またいでみよう」というチャレンジ精神が出てきたようで、大きく足を開こうとする姿も見られました。

今月のふりかえり

実際に遊んでわかった！ 保育者の学びの目と芽

4・5歳児

121ページ **バトン鬼** より

遊びの立ち上げ方

リングを渡したら座るんだよ

タッチされることがとにかく「イヤ」で、必死で逃げていると、リングを渡して交替するというルールを忘れることがあるようです。ルールがあるからこそ遊びが成り立つのですが、必死な状態ではそんなことを言っていられないようです。そこで、**簡単な動きをひとつひとつ段階的に積み上げて、最終的に鬼遊びにつながるように展開する**と、楽しんで動きながらルール理解に至ります。123ページ『グループでゴー』や126～127ページ『こちょこちょマン』『ネズミごっこ』といった遊びは、鬼遊びへとつながるまでに時間をかけることが望ましいです。また、ルール説明は、**言葉だけでなくしっかりと保育者が見本を見せることも大切なポイント**で、年齢が低ければ低いほど、よりていねいに伝えることが大切なのだと思いました。

2・3歳児

124ページ **ひげじいさんで鬼ごっこ** より

わかっていてもハラハラドキドキ

年長児なら、鬼が追いかけてくることも楽しめますが、年齢が低くなるほど、鬼やオオカミという言葉や、追いかけられること自体が「怖い」ようでした。でもこの遊びのように、**鬼が出てくるタイミングを予測し、自分の動きを調節できるような内容（ルール）**にすると、怖さがある中でも、その子なりに見通しを持つ感覚が養われます。それが育ちを促すことになります。

もうすぐ
オオカミだ
ドキ
ドキ

0・1歳児

128ページ **風船キャッチ** より

動きに合わせて

子どもにすれば、フワフワしている風船は見ているだけでも楽しいもの。それを自分の手でつかめれば、なおさらうれしいでしょう。水の入っていない風船をつかむときは、ほかの風船のときと比べて目で追うことができています。次に水の入った風船を見ると、落ちる速さが違うので子どもは目を丸くして驚きます。しかし徐々にスピードに慣れてキャッチできるようになると、**子どもは物の動きに合わせて、目も動かし、タイミングを調整している**ようすがうかがえます。これも**育ちを促している**と感じるひとときでした。

ちょこっと解説

遊びのこと子どものこと

1 鬼遊びにおける保育者の指導性とは…

三要素があります。①「活動場所の広さ」、②「逃げる人数」、③「鬼の数」です。例えばフープとリングを使った『バトン鬼』(121ページ)を参照してください。活動場所の広さに対して逃げる子どもと鬼の人数のバランスを、子どもが動く姿を観察しながら〝判断〟すること、これが保育者の大きな役割です。その際、捕まりやすく、またすぐに捕まえることができるように適度に狭い場所を設定して活性化するように留意してください。このことがかえって安全確保にもつながると考えられます。

2 鬼遊びの意味①

昔から鬼遊び、鬼ごっこは伝承遊びとして存在します。体育の専門家は、運動量が豊富で判断力や瞬発力をはぐくむのに最適な活動である、と語りますが、それだけではないと思います。「怖くて必死に逃げること」と「いっしょうけんめい追いかけること」、これらの活動経験は、「自分の身をみずからの力で守ろうとするだけでなく、困難から脱出しようとする精神性」や「自分のしたいことや人生の目標に向かって突き進む精神性」をも学習しているように思えます。ですから、1の三要素に配慮して、しっかり逃げて、しっかり追いかける経験量を増やすように心がけてください。

3 鬼遊びの意味②

凍り鬼に見られるように(『グルグルドッカーン鬼ごっこ』(122ページ)も似ています)、逃げながらも自分の意思で仲間を救うという活動経験は、人のため、人助けの模擬体験だといえるでしょう。また、『グループでゴー』(123ページ)のように、自分がしっぽを取られても仲間がゴールすると自分たちの宝が増えて、共に喜ぶという経験は有意義です。その際、仲間が巧みに動く姿を見て、自分も学ぼうとする態度が引き出され、そんな関係性が仲間意識をはぐくむために有効な手だてになる、とイメージしてほしいものです。

1月の箱

4・5歳児 ちょこっとあそび …… P.134
じっくりあそび …… P.136
2・3歳児 ちょこっとあそび …… P.138
じっくりあそび …… P.140
1歳児 おまかせ！なんでもあそび …… P.142
0歳児 おまかせ！なんでもあそび …… P.144
ふりかえり 実際に遊んでわかった！保育者の学びの目と芽 …… P.146
ちょこっと解説 遊びのこと子どものこと …… P.147

ちょこっとあそび 4・5歳児

息を合わせて…ごろんごろん

ゴロゴロレスキュー

準備物＊マット

1

4人ひと組になり、マットの上でふたりがうつぶせになり、その上にひとりが縦にうつぶせで寝ます。

2

上に乗っている子どもの両手をひとりが引っ張りながら、下のふたりは同じ方向にゴロゴロ転がります。マットの端まで落ちなければ大成功！

もうちょっとだ～
落とさないようにねー
ごろん

実際に遊んでみました！ 現場からのコメント

タイミングを合わせることが難しく、最初はうまく運べませんでしたが、「上の子を落とさないようにがんばって」とテーマを投げかけてみると、「せーの、でゴロンしよう！」や「もうちょっとゆっくり引っ張って」と子どもたちからいろいろな意見が出ていました。

発達がわかる 遊びのツボ

4人が連動して動く

転がるふたりのタイミングを合わせることと、それに合わせて引っ張る子どもが力加減を調節することがツボです。4人がそれぞれ違う役割を果たしながら連動して動く、まさに協同的な営みです。

詳しくは146ページへ！

3人で力を合わせて
つながりおしくらまんじゅう

3人ずつで腕を組んで体育座りをし、背中合わせになって、おしくらまんじゅうをします。10秒間で対戦し、部屋のすみまで押し込まれたり、3人の腕が離れたりしたらアウト。

実際に遊んでみました! 現場からのコメント

タイミングがつかめなかったり、押しが弱かったりする子でも、3人いっしょであることで長い時間耐えられたり、あきらめずに押し返したりする姿が見られました。チームによっては「せーの!」と3人でタイミングを合わせて押し合う姿がありました。

発達がわかる 遊びのツボ

勝敗を共有する

背中を押したり押されたり、腕を引っ張ったり引っ張られたり、3人の動きがそれぞれ違っても、「勝ち」か「負け」かのいずれかを3人で共有します。対戦は10秒程度にして、勝負のめりはりを付けるのが楽しさのツボです。

★詳しくは146ページへ!

じっくりあそび 4・5歳児

耐えきる楽しさが感じられる

つながりダイコン抜き

1

4人組になり、「引っ張るチーム」と「つながるチーム」に分かれて図のようにつながります。

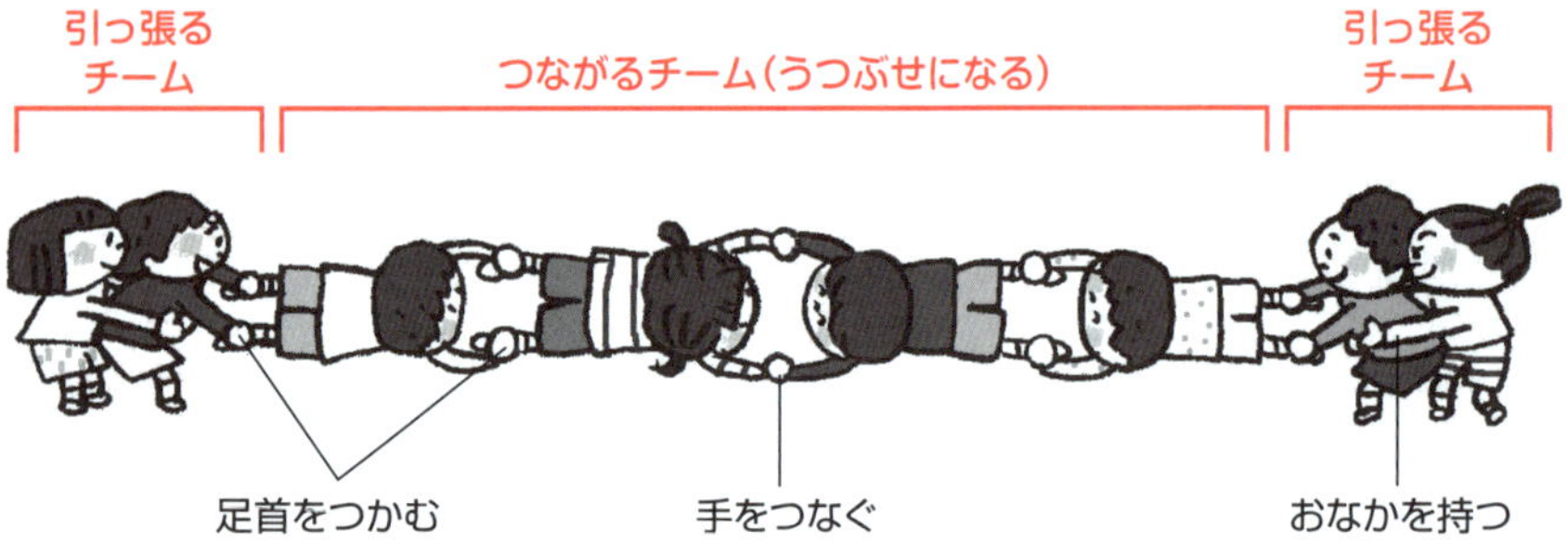
引っ張るチーム
つながるチーム(うつぶせになる)
引っ張るチーム
足首をつかむ
手をつなぐ
おなかを持つ

2

「スタート」の合図で引っ張り合います。つながるチームの手を離れさせることができたら引っ張るチームの勝ち。離れなかったら、つながるチームの勝ち。初めは5秒間の対戦とし、次は10秒、15秒と時間を少し長くします。

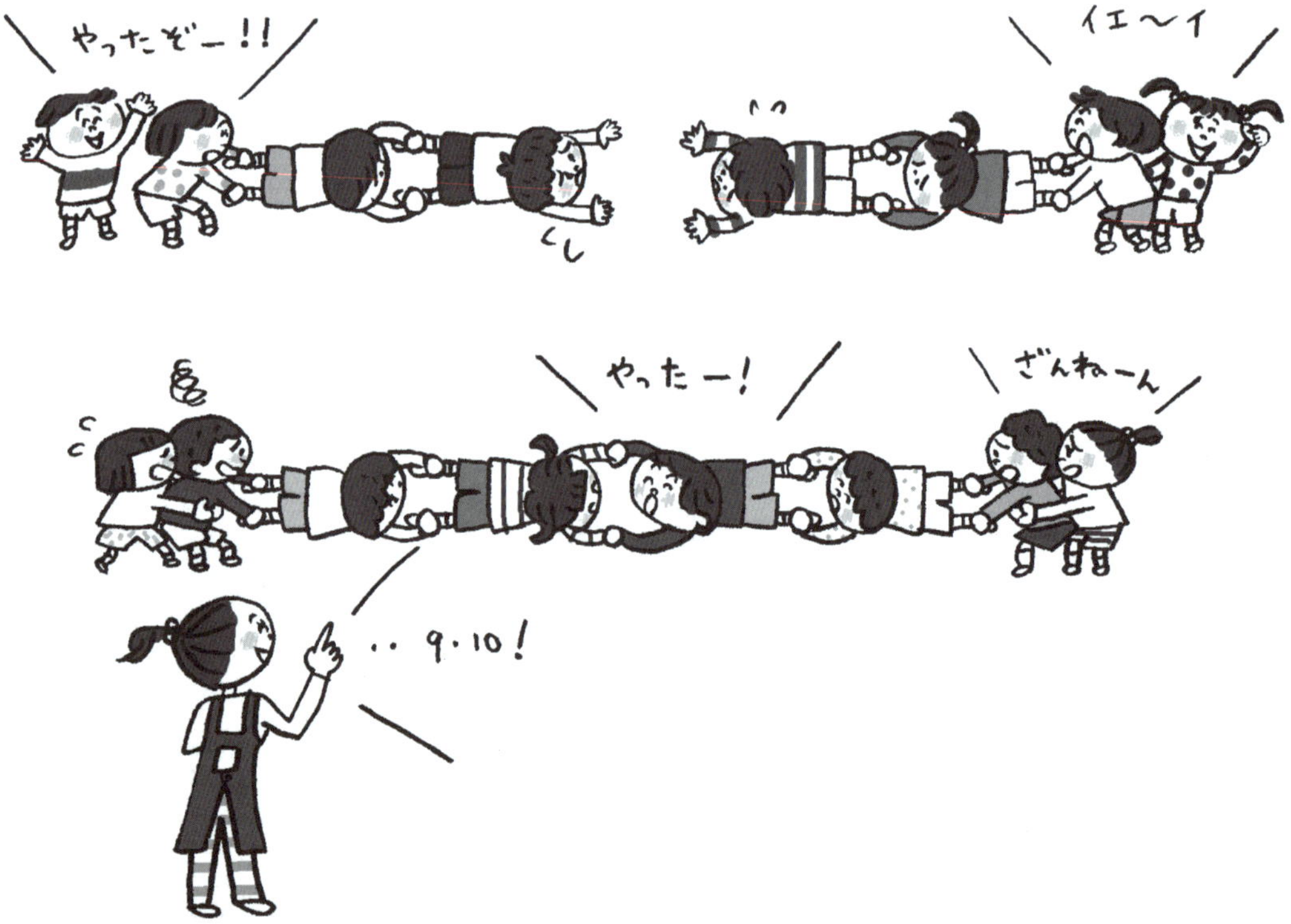
やったぞー!!
イエ〜イ
やったー!
ざんねーん
‥9・10!

「引っ張るチーム」と「つながるチーム」を交替して繰り返す。

実際に遊んでみました! 現場からのコメント

繰り返すうちに、引っ張るチームは持ち方を工夫するなどして、とても白熱していました。つながるチームのほうが、耐え切って勝ったことの喜びが大きいようでした。

発達がわかる 遊びのツボ

初めは短い時間から

初めは、つながるチームが耐え抜いて勝ちやすい秒数にすることがツボです。5秒、10秒、15秒と3回勝負すると、10秒まではつながるチームが有利ですが、15秒になると五分五分となることが多くなり、盛り上がりが増していきます。

どんどん勝ってステップアップ!

チーム対抗ジャンケン宝集め

準備物 ＊ **宝物**（玉入れの玉）、**宝物を入れる箱**
・2チームに分かれて帽子などで色分けする。

全員がウマ（四つんばいや高ばい）になり、ジャンケンする相手を見つけます。勝った子はウマからヒト（立つ）になり、次は同じヒトのポーズの子どもを見つけてジャンケン。勝ったら宝物をゲットして箱に入れ、ウマから再スタートし、ジャンケンを繰り返します。時間を決めて、たくさん宝物が集まったチームが勝ちです。

勝ったらウマからヒトに
やった!
ジャンケンポン!
まけた〜
いた!
負けたらそのまま、ウマの子を探してジャンケン
ふえてきた!
ジャンケン…
ヒト同士の場合、負けたらそのままヒトの子を探してジャンケン
同じポーズの子どもとしかジャンケンできない
いくぞ〜
やった-!
はい
勝ったら宝物ゲット

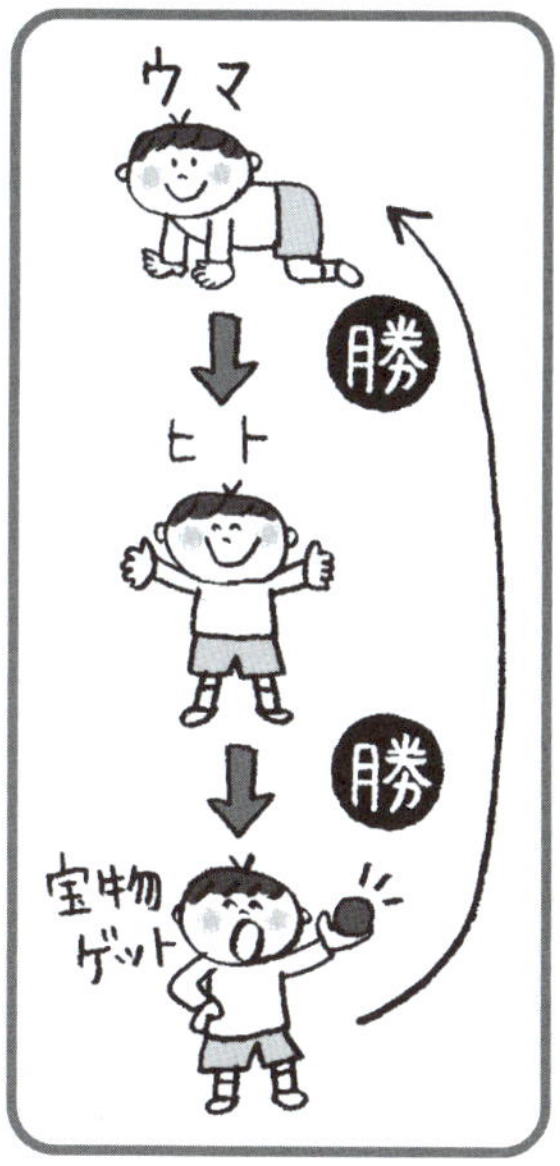
ウマ
勝
ヒト
勝
宝物ゲット

実際に遊んでみました! 現場からのコメント

以前にふたりひと組で対戦したとき（11ページ参照）は、それぞれで喜び合うといった感じでしたが、今回はチーム戦なので、しぜんとチームで集まって、みんなで玉の数を数える姿があり、仲間意識の深まりを感じることができました。

発達がわかる 遊びのツボ

どんどん進化して意欲UP

負けても前のポーズに戻らないので、ジャンケンに勝てばどんどん進化し、宝物がゲットできることで意欲が増していきます。慣れてきたら、「負けたら前のポーズに戻る」ルールを追加したほうが、かえって意欲がわくこともあります。

ちょこっとあそび 2・3歳児

ボールを置いたらすぐに走って！
待て待て！ ボール！

準備物 ＊ **ボール、スノコ、机や巧技台など**
・壁のある場所の近くに、スノコと机または巧技台で坂を作る。

子どもは坂の上にボールを置いて転がします。すぐに走って、ボールが壁に当たる前に捕まえます。壁に当たったらアウト、壁に当たる前に捕まえることができたらセーフ。

実際に遊んでみました！ 現場からのコメント

2歳児の場合、転がっていくボール、跳ね返ってくるボールの動きを不思議そうに見ているだけでも楽しそうでした。３歳児は、壁に当たるまでにボールを捕まえるという動作に夢中になっていました。ギリギリでキャッチできるくらいの距離がいちばん夢中になれるようでした。

発達がわかる 遊びのツボ

繰り返し楽しめる距離設定に

壁までの距離が長くならないような構成にしましょう。何度も繰り返し遊びたくなるように配慮することが大切です。

詳しくは146ページへ！

どっこいしょ…うーんなかなか重たいな

ロープでおイモ引っ張り

準備物 ＊縄
・引っ張る距離を5m程度設定する。

ひとりがうつぶせになって「おイモさん」になり、縄を両手でしっかりと持ちます。2〜3人で縄を持って引っ張り、ラインを越えたら「おイモさん」を交替します。

実際に遊んでみました！ 現場からのコメント

滑りやすい床でない限り、引っ張るほうも引っ張られるほうも腕の力がいるようです。3人で引っ張ってもなかなか動かず、みんなで力いっぱい引っ張ること自体が楽しいようでした。

手を離してしまうとしりもちをつくのですが、泣いてしまうのかと思えば大喜びの子どもたち。やはり大人が思う楽しみ方とは違うんだなあと思いました。

発達がわかる 遊びのツボ しりもちをつくのもおもしろい

重くてうまく引っ張れず、ドスンとしりもちをつくこともありますが、そこがこの年齢ならではのおもしろさでもあります。さほど危なくはないですが、念のために床にマットを敷いておいてもいいでしょう。

じっくりあそび

2・3歳児

ドキドキ感を楽しもう

ワニさんだ、逃げろ～！

保育者は部屋の中央でワニのポーズで子どもたちを追いかけ（捕まえない）、子どもたちは逃げます。

慣れてきたら、子どもがワニになってもいいでしょう。

実際に遊んでみました！ 現場からのコメント

「キャー」と叫びながら、うれしそうに逃げていました。不思議と子どもたちは円を描くように走り出し、同じ方向にまわりながらワニに捕まえられるか捕まえられないかの距離で、ドキドキ感を楽しんでいました。

発達がわかる遊びのツボ 楽しさと安全を考えて

保育者は、部屋の中央付近でワニになること、中央付近からあまり動かずに、うつぶせのまま回転しながら追うフリをすること、届きそうで届かない手の伸ばし方で、程よくつかまえるフリ（演技）をすること、この3点が楽しさと安全のための大切なツボです。

よーし今だ！ チャーンス！

ドキドキ宝取り

子どもたちは、円の外から中央のマットに玉を取りに行きます。保育者は鬼になり、二重線の中を動き、子どもを捕まえようとします（実際は捕まえない）。時間を決めて、何個宝物をゲットできたかを数えます。

準備物 ＊ **マット、宝物（玉入れの玉）、箱**
- 円形の二重線を描く。
- 中央にマットを置き、玉入れの玉をたくさん置く。
- 円の外に玉を入れるための箱を置く。

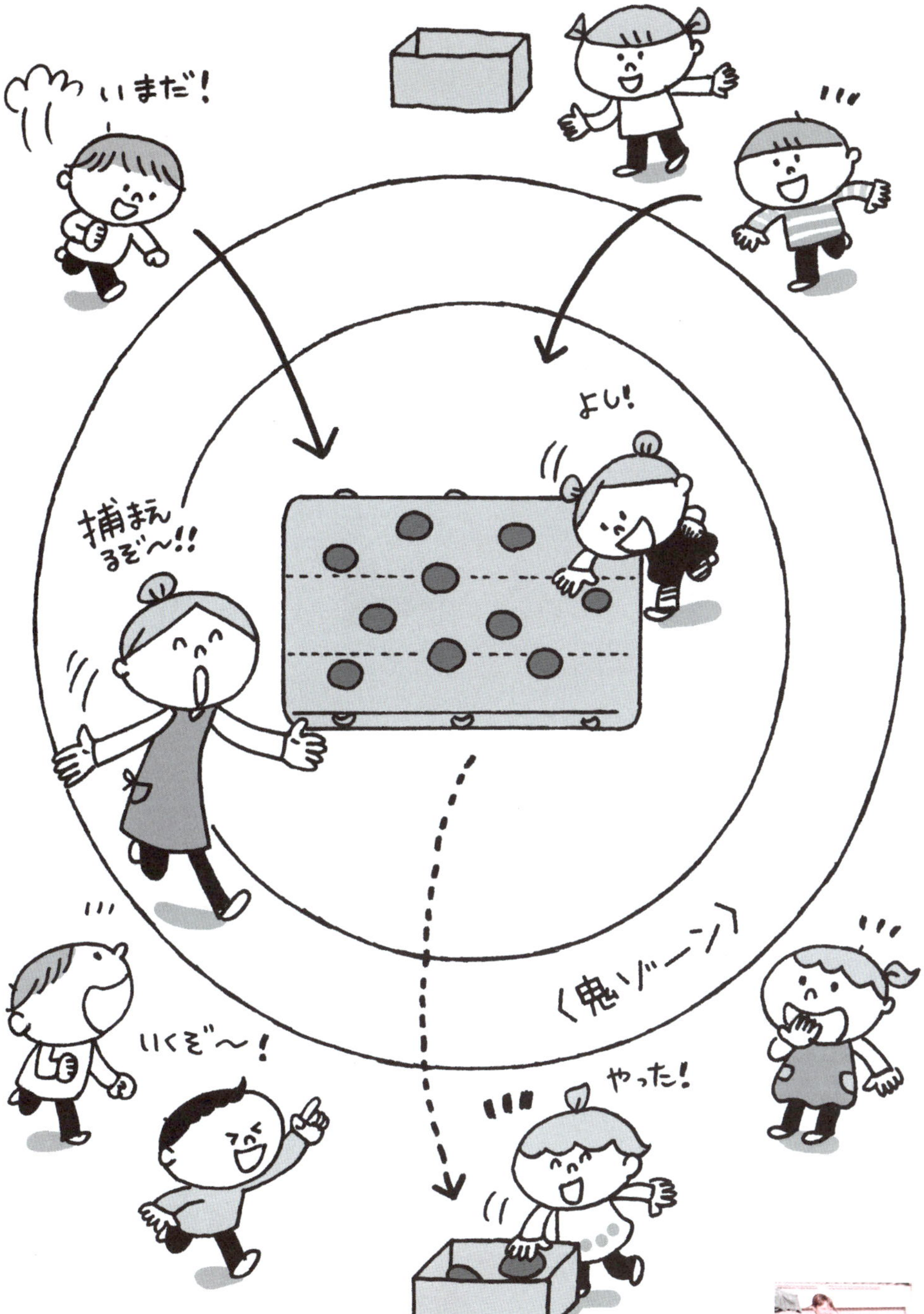

実際に遊んでみました！

現場からのコメント

初めは宝物に向かって一目散《いちもくさん》、といった感じでしたが、だんだんと鬼を意識し始め、鬼との駆け引きを楽しんでいました。

発達がわかる 遊びのツボ

アウトにしない

保育者は、線の間を一定の時間、同じ方向で動くようにします。捕まりそうで捕まらないように（アウトはなし）、たくさん宝物を取れるように配慮することが、子どもたちの意欲を引き出すことになります。

おまかせ！ なんでもあそび 1歳児

うちわで風船をタッチ
羽根突きピョ〜ン

準備物 ＊ うちわ、風船、ひも

子どもがうちわを持って手を上げた高さよりも少し上に風船をつるします。子どもたちはタッチしようとうちわをあおいで楽しみます。

＼えいっ／

発達がわかる遊びのツボ

繰り返す意欲を促す

うちわが風船に直接当たらなくても、自分が手を動かすと風のチカラで動くことも、楽しさのうちです。この単純さが遊びを繰り返そうとする意欲を促します。

実際に遊んでみました！

現場からのコメント

羽根突きのように、下から上に打つことは難しいようでしたが、少し高めに設定したことで、何度も「もういっかい！」とおもしろそうにたたくようすが見られました。

歌あそび

立ったりしゃがんだりで体を温めよう！
体でむすんでひらいて

『むすんでひらいて』に合わせて体を動かして楽しみます。

♪**むすんで**
体を小さくする。

♪**ひらいて**
手足を開く。

♪**てをうって**
手拍子をする。

♪**むすんで**
体を小さくする。

♪**またひらいて**
手足を開く。

♪**てをうって**
手拍子をする。

♪**そのてをうえに**
手を上にあげてキラキラ。

♪**むすんで〜**
（繰り返す）

／ひらいて！＼

／むすんで…＼

発達がわかる遊びのツボ

体を使って楽しめる

全身を使うことで運動欲求を満たし、意欲も高まります。なじみのある歌を使うため、言葉の意味も子どもたちはすんなりと理解できます。

実際に遊んでみました！

現場からのコメント

しゃがんだり体を開いたりと、保育者のまねをして全身を動かして楽しむことができていました。なじみのある歌なので、子どもたちもいっしょに歌いながら楽しんでいました。

『むすんでひらいて』 作詞／不詳、作曲／J.Jルソー

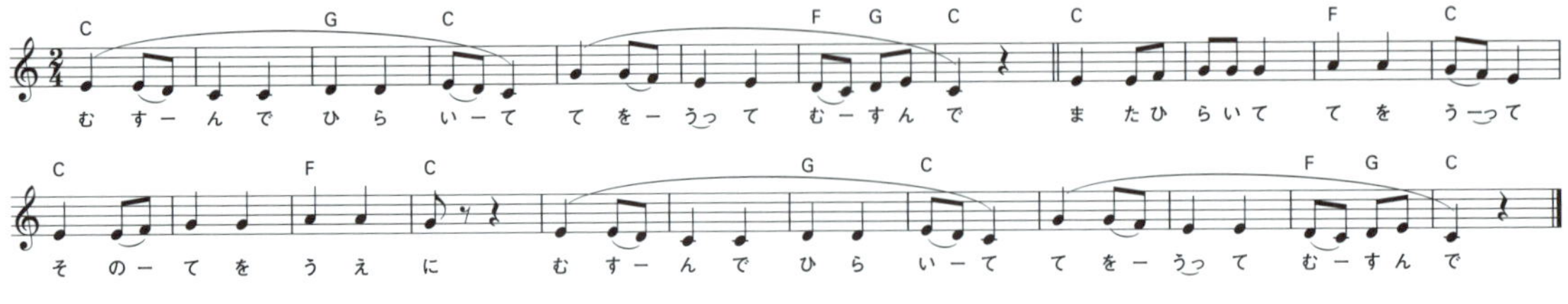
C G C F G C C F C
むすーんでひらいーててをーうってむーすんで またひらいててをうーって
C F C G C F G C
そのーてをうえに むすーんでひらいーててをーうってむーすんで

くるぞ、くるぞ～

てくてくコチョコチョ

子どもはあおむけになり、保育者は指をてくてくと足から頭に向かって動かします。1回目はスムーズに動かし、2回目は途中でわきの下をコチョコチョ。3回目になると子どもは身構えますが、期待どおりにコチョコチョします。

発達がわかる 遊びのツボ

規則的に「コチョコチョ」へ

てくてくからコチョコチョへ、という順序を変えずに行なうと、うれしさも規則的にやってきます。規則的にやってくることが子どもにとっての心地良さにつながります。

実際に遊んでみました！

現場からのコメント

繰り返すうちに、指がてくてく上がっていくと「コチョコチョされる～」と、期待するような表情も見られました。

先生との関係から子ども同士の関係へ

フープでおふねごっこ

準備物 ＊フープ

保育者と子どもがフープを持って座り、ふねをこぐように前後に揺れて遊びます。遊び方が理解できたら、次は子どもたちだけで遊んでみましょう。

発達がわかる 遊びのツボ

感覚をつかむ

保育者と遊ぶときに、引いて後ろに倒れたり、引っ張られて前に伏せたりする感覚をつかむことが大切です。子ども同士で遊ぶときに、その経験が生かされるでしょう。

★詳しくは146ページへ！

実際に遊んでみました！

現場からのコメント

子ども同士では力加減が難しく、引くときに勢い余って後ろに倒れそうになる子もいましたが、これもまた楽しいようで、繰り返すことでコツをつかんでいくようすも見られました。

4人でしてみました。初めはうまく自分のほうへ引くことができないようでしたが、繰り返すうちに理解し始め、後に譲り合うような姿も見られました。

おまかせ！なんでもあそび 0歳児

風船を追いかけて ポンポン羽根突き

床に風船をばらまきます。保育者は羽子板で転がっている風船を飛ばし、子どもは風船を追いかけて遊びます。

準備物＊風船、段ボールで作った羽子板

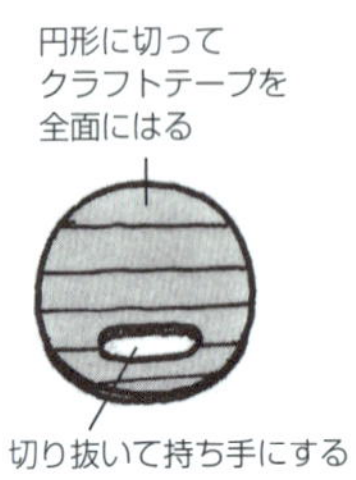

円形に切ってクラフトテープを全面にはる
切り抜いて持ち手にする

発達がわかる遊びのツボ　風船の動きを楽しめるように

子どもは風船の動きを追視し、追いかけようとします。保育者は、子どもの姿を見ながら、速すぎず、遅すぎずのタイミングで風船を飛ばしましょう。

実際に遊んでみました！

現場からのコメント

子どもにも羽子板を持たせてみたのですが、風船を羽子板に当てる楽しさより、風船を捕まえるほうが楽しいようでした。

歌あそび　ドンドン踏み鳴らそう！ 雪やドンドン♪

子どもと保育者は手をつなぎ、『ゆき』の歌に合わせて動きを楽しみます。

① ♪ゆきや　こんこ　あられや　こんこ

「こんこ」のところで足を踏み鳴らす。

② ♪ふっては～　つもる

その場でゆらゆら揺れる。

③ ♪やまも　のはらも　わたぼうし　かぶり

「のはらも」「かぶり」で足を踏み鳴らす。

④ ♪かれきのこらず　はながさく

ゆらゆら揺れて、最後に抱き合う。

ギュー

発達がわかる遊びのツボ　リズムに合わせる心地良さ

歌とリズムに合わせて動く心地良さを感じることが大切です。リズムに合っていなくても、その子なりの動き方を大切に見守ってあげましょう。

実際に遊んでみました！

現場からのコメント

初めは足をじょうずに踏み鳴らせなかったのですが、保育者を見ながらパターンを覚えていきました。動きに慣れてくると、ギューのところは自分から寄ってきました。

『ゆき』　文部省唱歌

F
C7
ゆ ーき やこんこ あられ やこんこ ふーっては ふーっては ずんずん つもる
F
B♭
F
C7
F
や ーま ものはらも わたぼうし かぶり かれきのこらず はながさく

歌あそび

楽しい滑り台

つるりとすべって!?

保育者のひざの上に子どもが向かい合わせに座り、『ゆきのこぼうず』の歌に合わせて動きを楽しみます。

① ♪ゆきのこぼうず～やねにおりた

徐々にひざを上げて子どもを乗せたまま立てひざに。

② ♪つるりとすべって

少し間を空けてから、ひざを伸ばす。

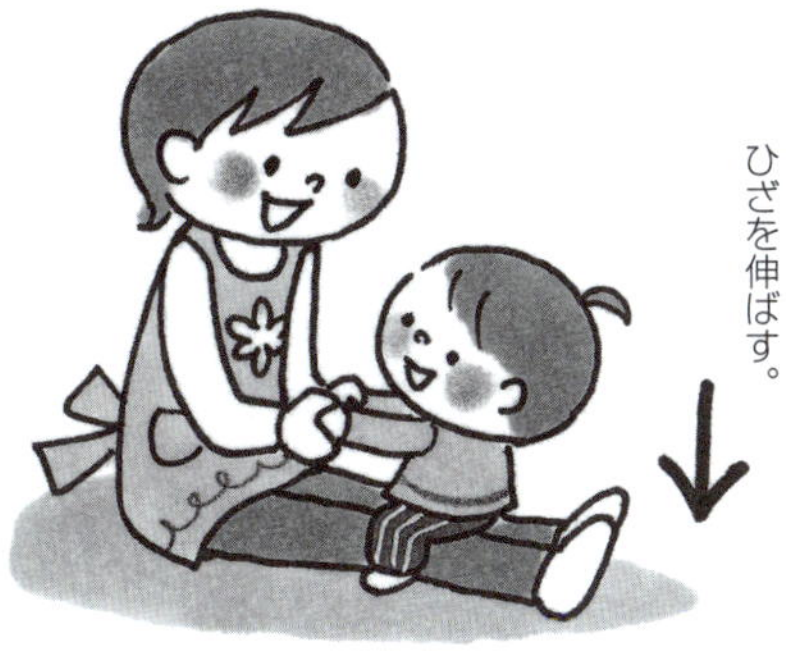

③ ♪かぜにのってきえた

ひざを上げ下げして上下に揺らす。

発達がわかる遊びのツボ

楽しさを共有する

遊び歌を聞くだけでなく、保育者に触れてもらいながら動くことで気持ちが落ち着きます。楽しさの共有を深めていきましょう。

実際に遊んでみました！ 現場からのコメント

初めは「つるりとすべって」といっきにひざを伸ばすと、びっくりしたような顔をしました。少し間を空けてひざを伸ばすほうが安心してよかったようです。

『ゆきのこぼうず』 作詞／村山寿子 外国曲

ぐんぐん押そう

押し箱でGO！

準備物＊**押し箱**
- 段ボールを図のように切り、切り口をクラフトテープで保護する
- 箱の底に電話帳などおもしを入れる

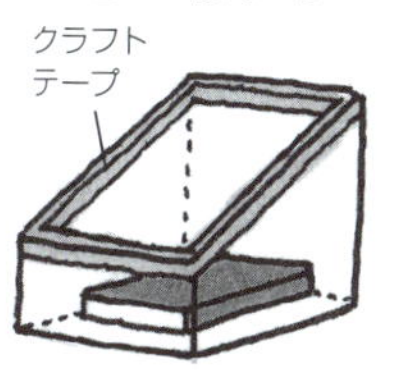

押し箱に友達や人形を乗せて、押して楽しみます。

実際に遊んでみました！ 現場からのコメント

一生懸命に押そうとする姿が見られました。重くてうまく押せない子には人形を入れ、箱の裏に布をはって滑りをよくすると、楽しそうに遊べていました。

発達がわかる遊びのツボ

重い物を運ぶ意欲

子どもは箱を見ると、“入りたい”“動かしたい”という心情が働きます。軽々と動く物よりも少し重い物のほうが動かそうとする“意欲”がわいてきます。

1月

今月のふりかえり

実際に遊んでわかった! 保育者の学びの目と芽

4・5歳児

134ページ **ゴロゴロレスキュー**
135ページ **つながりおしくらまんじゅう** より

力と力のぶつかり合いがはぐくむもの

友達の上に乗ったり乗られたり、背中で押し合ったり、腕を引っ張り合ったりといった、身体接触を伴う「ぶつかり合い」が、1月という寒い時期でもあり、子ども同士の関係性も深まっているこの時期にピッタリです。遊びの中で、ぶつかり合うことによる痛みや苦痛を程よく味わうことで、子どもたちのいたわる気持ちや思いやる気持ちがはぐくまれます。

2・3歳児

138ページ **待て待て! ボール!** より

シンプルな遊びを豊かなものにする工夫

ボールを転がす坂の角度、壁までの距離、床の滑りぐあいなどで、子どもの楽しさや意欲の出し方は大きく異なります。保育者は、安全と安心のためのマットの使用など、細かい配慮も必要です。また、施設や道具の種類は各園によって事情が異なりますから、試してみて子どもの要求に合わせて微調節しながら変えていくといった現場対応力も必須です。この年齢の子どもの特性を理解した保育者の演出・工夫によって、シンプルなルールでも、その中身は豊かなものになります。

0・1歳児

143ページ **フープでおふねごっこ** より

保育者と遊んだ経験から生まれるもの

子どもたちは保育者と遊ぶ中で、遊びのコツをつかむと同時に経験を積んでいきます。保育者主導で遊んでいるときは、初めに前に伏せるのは子どもたちで、保育者は後ろに倒れ、次に子どもが後ろに倒れるようになります。一方、子ども同士のときは初めはとまどいが出て動けなくなるでしょう。しかしながら、子どもたちは経験を積んでいるので、わずかながらも子ども同士の中で、おのずと役割が決まってきます。そのような姿が、1歳児の中にも見え隠れします。こうした子どもの姿を見守りながら、次への展開を考えていくことが大切でしょう。

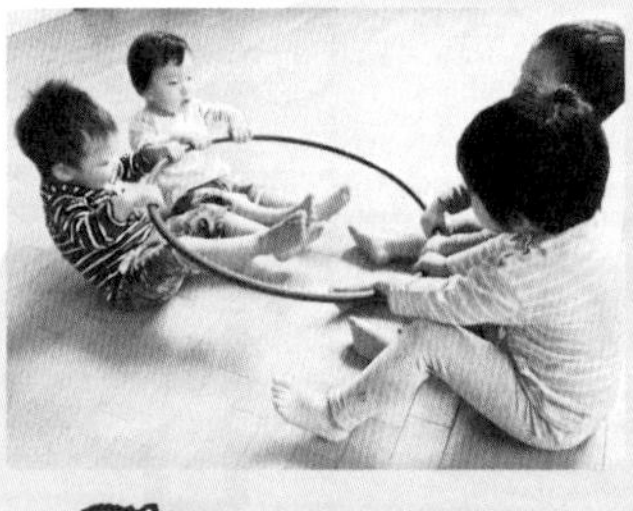

ちょこっと解説

遊びのこと子どものこと

1 定番の遊びを広げる大切さ

ふたりが座って、背中と背中で押し合いっこする活動は、よく見られます。寒い時期ということもあり、135ページの『つながりおしくらまんじゅう』のような「3人組」同士が押し合うルールは、ふたりで押し合うこととはまったく異なる身体感覚や友達意識を味わえます。このように、新たな遊びを次々と考えるのではなく、これまでの「遊び」に少し工夫を加えることで、ぐんと経験の幅が広がり、子ども同士の関係性も広がります。こうした取り組み方をぜひ参考にしてください。

2 保育者が鬼になる＝「捕まえない」意味

鬼遊びは、子ども同士で捕まえたり捕まったりする遊びです。しかし、保育者が鬼になって捕まえようとするとき、ゲームのねらいによっては、保育者の役割やふるまい方をはっきりさせておく必要があります。140ページの『ワニさんだ、逃げろ〜！』、141ページの『ドキドキ宝取り』は、子どもたちが保育者に捕まらないように集中力を高めることがねらいです。捕まりそうで捕まらない、そのドキドキ感が何ともいえず楽しいのですから、そこで本当に捕まえてしまっては、ねらいがぶれてしまいます。

3 「遊び歌」を使うと、動きも楽しめる

今回、0・1歳児で『むすんでひらいて』『ゆき』『ゆきのこぼうず』などのなじみのある歌を使って体を動かしたり、スキンシップを図ったりしました。歌があると、動きにリズムやめりはりが生まれます。これは乳児に限ったことではなく、幼児でも自分の動きに見通しが持てることになるので、うまく活用することをお勧めします。歌で子どもを動かす、となるとヤラセのようで異論を唱える方もいるかもしれませんが、子どもたちの表情を観察すると〝楽しさ〟が伝わってきます。子どもの生き生きした表情は何物にも代えがたい、これは保育の大原則です。

2月の箱

4・5歳児	ちょこっとあそび	P.148
	じっくりあそび	P.150
2・3歳児	ちょこっとあそび	P.152
	じっくりあそび	P.154
1歳児	おまかせ！なんでもあそび	P.156
0歳児	おまかせ！なんでもあそび	P.158
ふりかえり	実際に遊んでわかった！ 保育者の学びの目と芽	P.160
ちょこっと解説	遊びのこと子どものこと	P.161

ちょこっとあそび 4・5歳児

タッチ鬼

タッチされたら、逃げろ〜！

準備物＊
・座る子・逃げる子・鬼を決め、鬼だけ帽子の色を変える。（全体の人数が30人程度の場合は、座る子15〜18人・逃げる子9〜13人・鬼2〜3人。全体が15人程度の場合は、座る子8〜10人・逃げる子5〜8人・鬼1〜2人）

座る子は、体育座りで手を前に出しておきます（タッチをしてもらう準備）。スタートの合図で、逃げる子どもたちは、座っている子の手にタッチしに行きます。タッチしたら、「座る子」と「逃げる子」は交替。鬼も同時にスタートして逃げている子どもを追いかけ、タッチしたら、鬼を交替します。

タッチしたら「座る子」と「逃げる子」は交替
まて〜！
鬼は逃げる子を追いかけ、タッチしたら鬼を交替する

タッチ！！

実際に遊んでみました！ 現場からのコメント

逃げるだけでなかなかタッチしなかったり、特定の友達同士でタッチし合ったりする姿がありました。捕まりたくない子も多かったので、やりながら人数を調整していくと、うまく交替し始めました。

走るのに疲れたらすぐ交替できるなど、その子なりに運動量が調整できるので、終わった後はそれぞれに満足そうな姿が見られました。

発達がわかる 遊びのツボ 人数と場所の広さを調整

捕まるリスクが少ないと、楽しさが薄まります。全員が適度に交替していくような状況になるよう、人数と場所の広さを調整しましょう。広すぎると鬼がなかなか交替できず、狭すぎるとぶつかる可能性が高まるので注意してください。

どちらにも可能性があるから真剣勝負！

たこ焼き返し

1

3人組になり、審判、たこ焼き（頭を抱えて丸くなる）、ひっくり返す、の役割を決めます。審判の子の「よーい、スタート」の合図で、ひっくり返す子はたこ焼きの子をひっくり返そうとします。

※引っかいたりつねったり、服を引っ張ったりしないように伝えておきましょう。

2

審判の子が5秒カウントする間に、たこ焼きの子の背中が床に着いたらひっくり返す子の勝利。着かなかったら、たこ焼きの子の勝利。3人で役割を交替して繰り返します。

実際に遊んでみました！ 現場からのコメント

ひっくり返るか返らないかギリギリのところで、互いに楽しんでいました。

4歳児では、カウントの声がほかのグループと混ざったり、審判の役割が曖昧《あいまい》になったりする可能性があるので、ふたり組で対戦し、保育者がカウントしてもよいと思います。

発達がわかる 遊びのツボ　力関係がちょうどいい

たとえふたりに力の差があっても、どちらも勝つ可能性があります。互いに勝つ可能性があるからこそ、結果を受け入れ、次にチャレンジする意欲へとつながります。また、審判を設定することで、第三者の視点で公正に判断できるので、勝敗を受け入れることができます。

じっくりあそび

4・5歳児

思い切り走らずにはいられない!?

玉取りリレー

準備物 ＊**玉入れの玉**（総人数＋1個）、**フープ**（チーム数）、**カラー標識**（チーム数）、**バトン**（チーム数）
・3～4人のチームを複数つくる。

1

玉入れの玉を中央に置き、離れた位置にチームごとにフープとカラー標識を置きます。スタートの合図で、各チームのひとり目が、バトンを持って中央の玉を取りに走ります。1個持ち帰ってフープに入れたら、バトンを次の子に渡します。ふたり目、3人目も同様に玉を取りに行き、ひとり目の子も繰り返します。

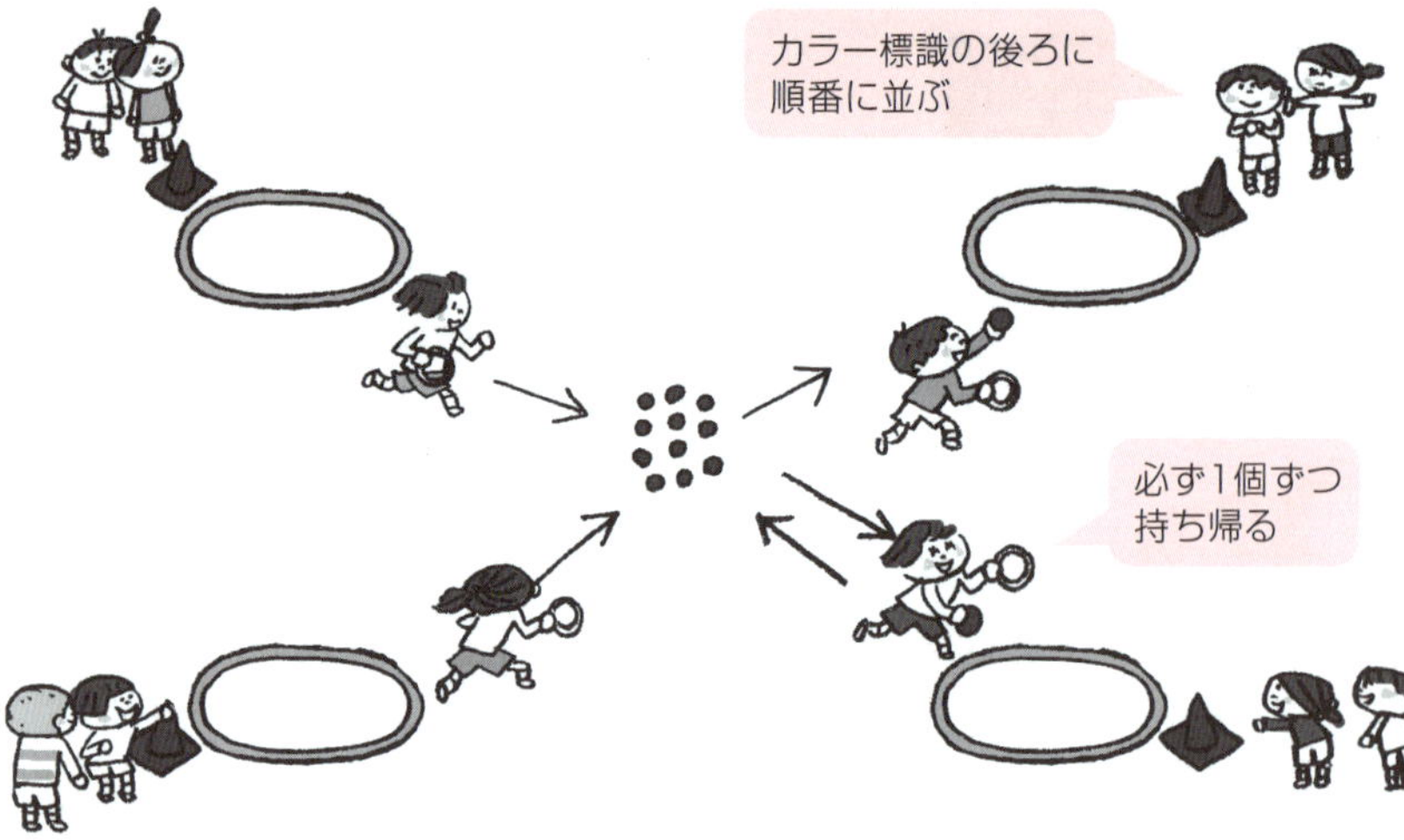
カラー標識の後ろに順番に並ぶ
必ず1個ずつ持ち帰る

こうたい

2

中央の玉がなくなったら、ほかのチームのフープへ取りに行きます。ある程度の時間繰り返し、最終的に玉の多いチームが勝ち。

自陣の玉を守ることはできない
あーあ
にゲット!!
あっちにしよう!

実際に遊んでみました! 現場からのコメント

1チーム3～4人なので、待ち時間も短く、「走って」「取って」を繰り返して息を切らしながら楽しむ姿が見られました。

何回戦か連続で行なうと、強いチームが出てきます。「あのチームから玉を取ろう!」といった作戦をたてるチームもありました。

発達がわかる 遊びのツボ

どのチームにも勝つチャンスがある

走力のあるチームが勝つとは限らないこと、3～4人で1チームであることがポイントです。どのチームにも勝つ可能性があるので、あきらめることなく続けられます。回数を重ねるほど、作戦を練るなどの気づきが増えます。

だれもが参加しやすい集団ゲーム

タッチラグビー

フィールドを図のように構成します。ゴールは４人で手をつないで円になり、ゴールゾーンの中を動きます。プレイヤーの８人は、ボールを奪い合い、ゴールを目ざして運びます。ゴールゾーンにいる味方の円の中にボールを投げ入れたら得点。役割を交替して対決します。

準備物＊・クラスを2チームに分け、帽子で色分けする。
・各チームでプレイヤー４人、ゴール４人を決め、ほかの子どもたちは待機ゾーンで応援する。

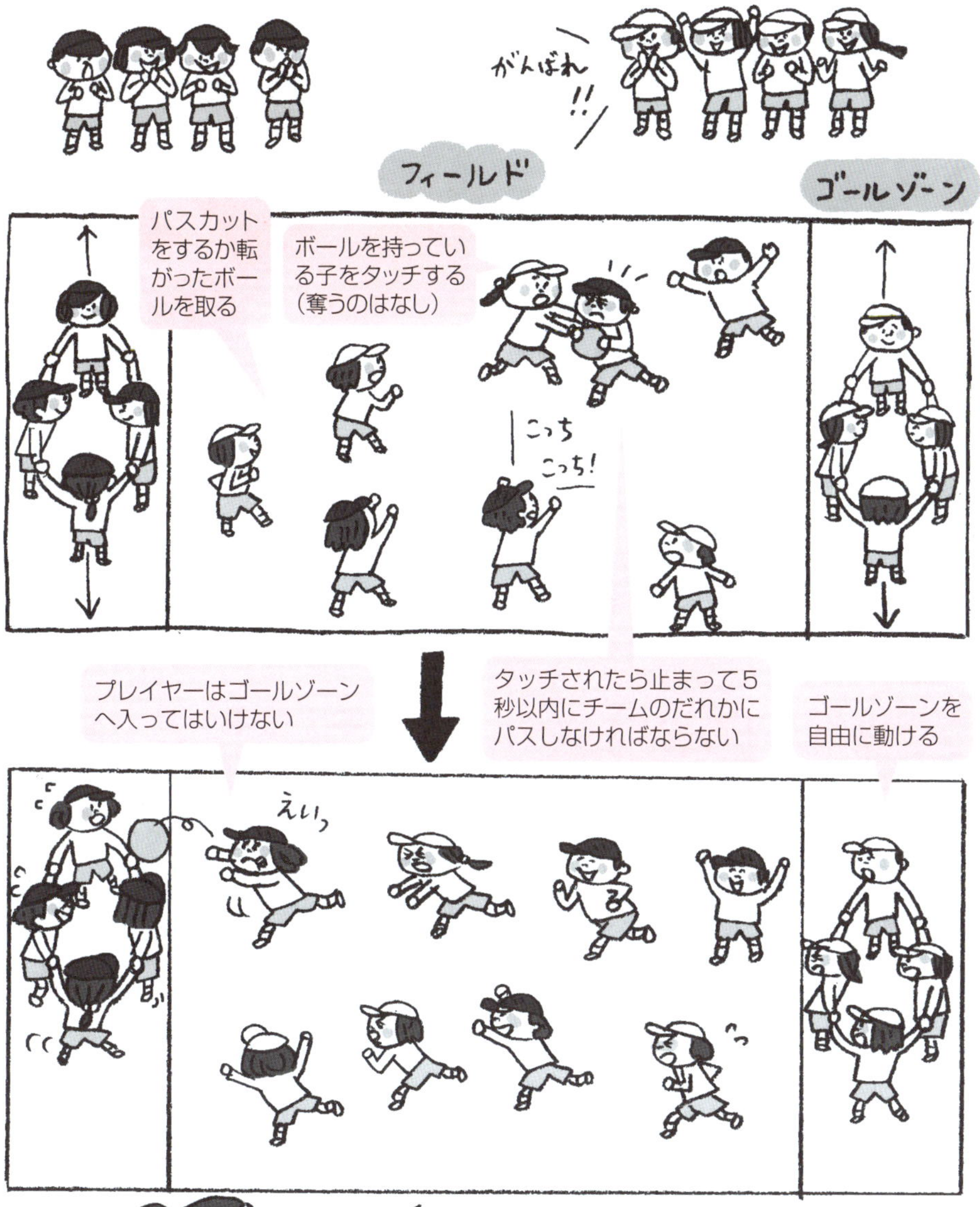
がんばれ!!
フィールド
ゴールゾーン
パスカットをするか転がったボールを取る
ボールを持っている子をタッチする（奪うのはなし）
こっちこっち!
プレイヤーはゴールゾーンへ入ってはいけない
タッチされたら止まって５秒以内にチームのだれかにパスしなければならない
ゴールゾーンを自由に動ける
えいっ

赤チーム ゴール!!

ゴール！

まてー

実際に遊んでみました！ 現場からのコメント

いきなりこのゲームをするのは難しいため、ボールを投げたり受けたり、ゴールに入れたり、といったボールに触れる経験を重ねてから遊びました。

一度のルール説明では全員が理解できないので、実際に遊びながらルールを伝えていき、何回か行なうと理解が深まりました。

発達がわかる 遊びのツボ 保育者は状況をアナウンス

勝負に必死で、タッチに気づかないときがあるので、保育者は常にボールの近くで状況をアナウンスし、タッチの有無を伝えるようにしましょう。ルール違反があっても責めるのでなく、がんばりを認めつつ、公平にジャッジします。

詳しくは160ページへ！

ちょこっとあそび

2・3歳児

歌あそび

つながって楽しい ジャンケンダンス

♪グーグ～♫♪

1

みんなで円になって手をつなぎます。『ごんべさんのあかちゃん』のメロディーで、「♪グー　グー　チョキ　チョキ　パー　パー　パー」と歌詞を変えて歌い、それに合わせて足を「グー・チョキ・パー」に動かします。

パー
チョキ
グー
足を開く
片足を前に出す
足を閉じる

＼チョキチョキ…／

ヤー！

2

最後に「♪パー　パー　パー、ヤー！」でみんなでバンザイします。

発達がわかる 遊びのツボ

つながることで、楽しさもつながる

みんなで手をつないで円になると、フラフラしがちです。ひとりの小さな動きが大きな動きになってしまうからです。その力をなじみある歌や動きで方向付けると、無理なく遊びにつなげられます。

実際に遊んでみました！ 現場からのコメント

2歳児は、足での「グー・チョキ・パー」が難しく、特に「チョキ」がやりにくいようです。ですが、なじみやすいメロディーとリズムなので、みんなでいっしょに体を動かす遊びとして楽しめました。

『ごんべさんのあかちゃん』　アメリカ民謡

B♭
E♭
B♭
ごん べさん のあ かちゃんが か ぜひ いた
ごん べさん のあ かちゃんが か ぜひ いた
B♭
F7
B♭
ごん べさん のあ かちゃんが か ぜひ いた
そ こ で あ わて て しっ ぷし た

その場でどっちか選んでみよう

トンネルさんとくぐる人

1

並足の曲で子どもたちは自由に散歩して、保育者の合図でストップします。

どうぞ
はい どうぞ！
どうぞ
どうぞ

「3·2·1出発」で、
また並足で散歩し、繰り返す。

2

『ゆかいな牧場』の歌詞を「♪トンネルさんとくぐる人、はいどうぞ」と変えて歌い、子どもたちは足を開いてトンネルになるか、くぐる人になるかを自分で選択します。保育者は「♪トンネルさんとくぐる人、はいどうぞ」の部分を繰り返し弾いて、曲の間は、くぐる人はどんどんいろいろな子のトンネルをくぐっていきます。

発達がわかる 遊びのツボ 選べるから、やってみたくなる

「トンネル」「くぐる」というふたつの役割があると、保育者は同じ人数になってほしいと思いがちですが、この遊びは人数が違っても成り立ちます。子どもは自分の思いや状況に応じて好きなほうを選べることがポイントです。

詳しくは160ページへ！

実際に遊んでみました！ 現場からのコメント

「トンネル」と「くぐる」とで人数に差が出たとき、周りの状況を見てからどちらにするかを決める子もいました。

足を開くトンネルだけではなく、手を床に着いてトンネルになったり、ふたりで手をつないでトンネルをつくったりと、さまざまなトンネルが出てきました。

ふたりでトンネル

トンネルさん

『ゆかいな牧場』アメリカ民謡のメロディーで（初めの4小節のみ）

♩=116
G C G D7 G
gliss.
トン ネル さん と くぐ るひ と はい どう ぞ チャラララ～ンと弾く

じっくりあそび 2・3歳児

しぜんと円になっちゃった!?

ストップでみんな○《マル》

準備物 ＊ **カラー標識**(いろいろな色：5人に1本程度)
・カラー標識をランダムに置く。

1

子どもたちは、駆け足ふうの曲(CDでもピアノでも可)に合わせて走り、保育者の合図で好きな色のカラー標識に集まって、片手を置きます。

2

集まった人数で、円になって手をつなぎ、『アルプス一万尺』の歌詞を「♪ばんざい　しゃがんで　ばんざい　しゃがんで　ピョンピョン　ピョンピョン」と歌いながらその動きをします。「3、2、1、出発!」で、バラバラになって駆け足し、繰り返します。

実際に遊んでみました!

現場からのコメント

好きな色を選んで楽しんでいた子が多かったですが、回を重ねるごとに、色へのこだわりが薄れていました。走ることや手をつないで動くことに楽しさを感じていたようでした。

人数に差があっても問題なく、少ない人数でもやりやすかったようで、楽しんでいました。

発達がわかる遊びのツボ　個の力発揮と複数での楽しみの両方が味わえる

自分でどのカラー標識に行くかを選べることと、みんなでリズムに合わせて動いて楽しむことの両方が味わえます。手をつなぐことに抵抗やこだわりがあっても、めりはりのある動きとなじみのある歌でテンポよく行なうと、参加しやすくなります。

『アルプス一万尺』　作詞不詳　アメリカ曲のメロディーで (初めの8小節のみ)

ふたりだから心強い！

ふたりでよけて、鬼ごっこ

準備物＊リング、マット、ゴムひも、カラー標識

1

マットとカラー標識を図のように構成し、カラー標識にはゴムひもを張って、動く範囲を区切ります。保育者は鬼ゾーンで鬼になり、子どもたちはふたり組になって1個のリングを持ち、スタートマットに並びます。

2

保育者は2～3組ずつ名前を呼び、「よーい、ドン」でスタート。子どもたちは鬼ゾーンを通ってゴールを目ざします（鬼は子どもを捕まえない）。全員ゴールマットに到着したら、今度はゴールからスタートへ、同様に繰り返します。

実際に遊んでみました！ 現場からのコメント

ふたりで協力するというより、どちらかの子のリードに引っ張られていく姿が多かったです。でもゴールへたどり着いたときは、ふたりで喜んでいました。

鬼は本気で捕まえるのではなく、ドキドキ感を楽しめるように、子どもたちのようすを見ながら追いかけました。

発達がわかる 遊びのツボ

ひとりでは怖くても、ふたりならだいじょうぶ！

怖くても、隣に仲間がいると勇気がわいてくるようです。また、全組一斉ではなく、2～3組ずつにすることで安全を確保でき、また、子どもたちはほかのペアの姿を見てさらに安心できます。

おまかせ！なんでもあそび 1歳児

じょうずに乗せられるかな？ お手玉ポ〜ンポン

準備物＊
お手玉または玉入れの玉、バケツ、布
・バケツに布をピンと張る。

お手玉を持てるだけ持ち、それを布を張ったバケツの上に落とします。弾んだり落ちたりするようすを見て楽しみ、繰り返しましょう。

えいっ！

発達がわかる遊びのツボ　繰り返して楽しむ

手にした物を落としたり、バケツの上で弾むようすを見たりするだけで子どもは喜びます。簡単な動きでも、繰り返しながら、遊びの楽しさを子ども自身が感じ取っていけば、楽しみがさらに増えてくるでしょう。

実際に遊んでみました！
現場からのコメント

初めは“投げる”ことにしようとしましたが、予想以上に難しく、なかなかバケツに当たりませんでした。近くで落とすように声をかけると、遊びの楽しさがわかりだしたようでした。

歌あそび 中から何が出てきたの？ たまご？ たまご！

『たまごたまご』の歌に合わせて手遊びをします。

♪たまご　たまごが

両手でたまごを表現する。

パチン

♪パチンとわれて

両手を大きく回してから、手のひらをパチンと合わせる。

♪なかからひよこが〜 ピヨピヨピヨ

しゃがんでヒヨコになって歩く。

替え歌にして、2番は「カエルがゲロッ　ゲロッ　ゲロッ」と歌ってカエルジャンプ、3番は「へ〜ビがニョロッ　ニョロッ　ニョロッ」と歌って両手で「ニョロニョロ」します。

ニョロッ ニョロッ

発達がわかる遊びのツボ　少しずつ動きを大きく

身近な動物を歌に入れることで、子どもの動きの理解を深めることができます。そして、少しずつ動きを大きくしていきます。最後にヘビのようなサプライズ的な動物の動きにすることで、遊びにめりはりも付いてくるでしょう。

実際に遊んでみました！ 現場からのコメント

身近な動物なので、すぐに遊べました。やっぱりヘビはいちばん盛り上がるので、続けて遊ぶときは最後の楽しみにしました。

★詳しくは160ページへ！

『たまごたまご』　作詞不詳

C F C F C G7 C F C G7 C
た　まごたまごが　パチンとわれて　なかからひよこが　ピヨ　ピヨ　ピヨ　まー　あかわいい　ピヨ　ピヨ　ピヨ

自分でゴロゴロ転がろう！

でかイモ こイモでゴロゴロ

保育者はマットにあおむけで寝転び、子どもは保育者の上にうつぶせになります。いっしょにゴロゴロ転がり、慣れてきたら子どもだけで転がって遊んでみましょう。

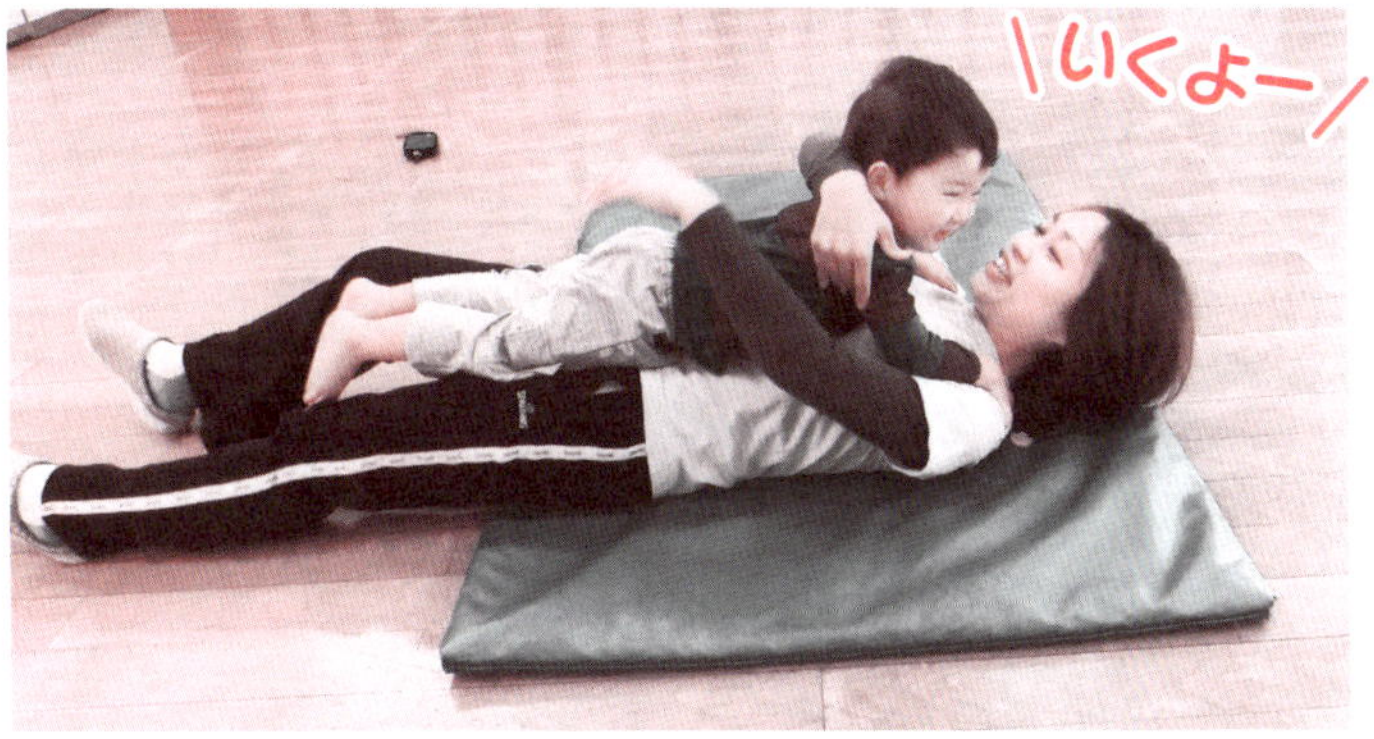

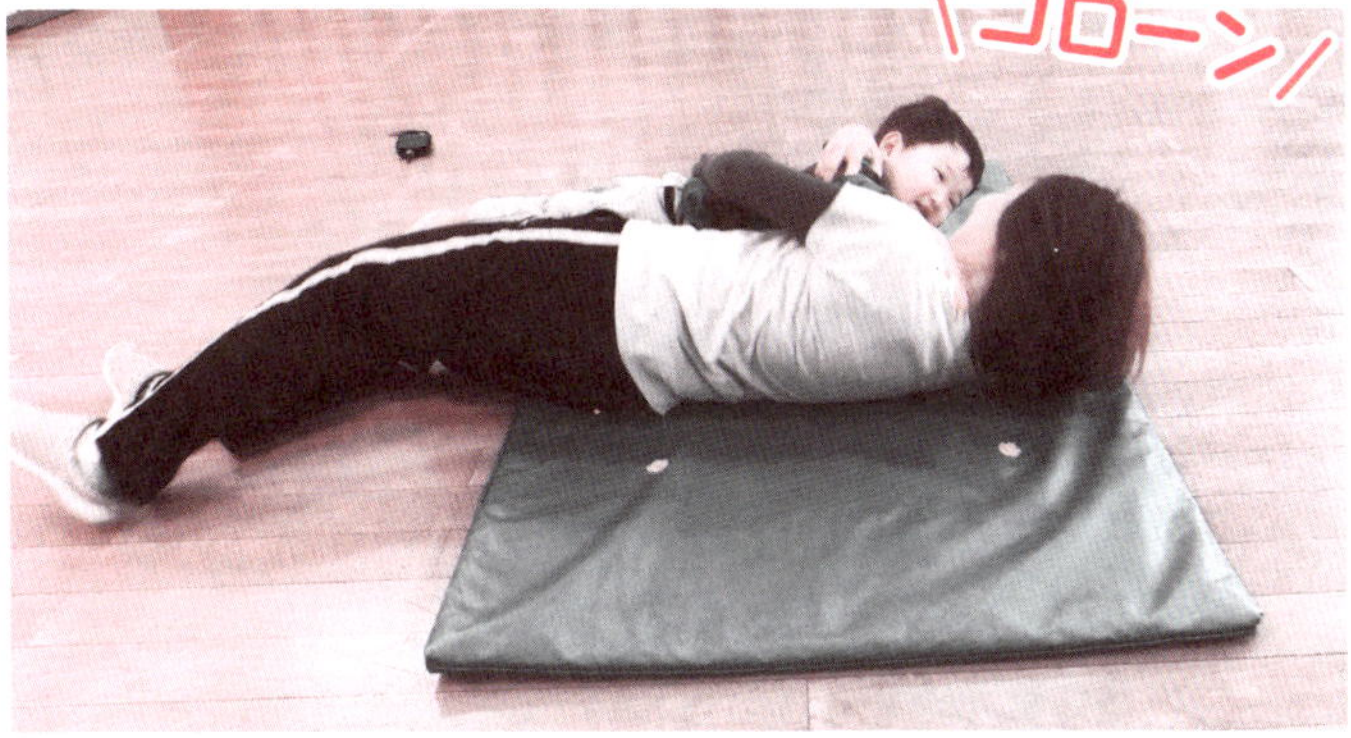

発達がわかる 遊びのツボ

転がる楽しさを感じる

転がるには、自分の意思と腰を回転させるなどの動きが必要です。自分の意思で転がり出せたときは、楽しさを感じた瞬間です。楽しさを子どもが理解できるように声かけをしていきましょう。

実際に遊んでみました！ 現場からのコメント

友達が転がるのを見て自分もしてみようという気持ちになった子どもがいました。できたときに「すごいね、できたね！」と声をかけると、何度も自分から遊んでいました。

どんどん運んでどんどん入れよう！

玉入れごっこ

準備物 ＊ **玉入れの玉、マット**
（玉を置くマット、筒状にするマット）

マットの上に玉入れの玉をたくさん置きます。保育者は少し離れた所でマットを筒状にして立てて支え、子どもたちは、玉を取って筒状のマットに入れていきます。

繰り返して楽しみましょう。

実際に遊んでみました！ 現場からのコメント

がんばって入れようとしても、どうしても入らない子どもがいました。そのときに、近くにいた友達がポンと入れてあげました。するとふたりで楽しそうに繰り返していました。ちょっとした協力ができた瞬間でした。

発達がわかる 遊びのツボ

微妙な高さが力発揮に

「ここに入るかな？」の声かけに反応して、次々に玉を入れようとします。マットの高さはちょうど子どもが背伸びをして届くかどうかの高さで、この微妙な高さに子どもはチャレンジ精神を前面に出して力発揮をすることでしょう。

おまかせ！なんでもあそび 0歳児

ボールがコロコロ

コロコロと待て待て、どっちが好き？

準備物＊ボール、とび箱や大型積み木、板、座卓、踏切板 など
・組み合わせて坂道を作る。

坂の上からボールを転がします。ボールを追いかけて、拾って帰ってきたら、またボールを転がして繰り返し楽しみます。

実際に遊んでみました！ 現場からのコメント

ボールを坂の上から転がしたい子と、転がってきたボールを追いかけたい子に分かれました。子どもによって興味があるものに違いがあることがおもしろかったです。

発達がわかる遊びのツボ　追視して追いかける

ひとつの行動でも十分に楽しめますが、ボールが転がっていくようすを追視しながら"追いかける"という連続した行動ができるようにもなってきます。

ひげじいさんで、こんにちは

だ～れかな？

準備物＊ハンカチまたはタオル

1

保育者はハンカチで顔を隠し、『とんとんとんとんひげじいさん』のメロディーで「♪とんとんとんとん　だれかな～？」と歌いながら、子どもに顔の上下左右をチラッと見せます。

2

「♪キラキラキラキラ～、はい○○先生です！」とハンカチを下ろして顔を見せます。

♪『とんとんとんとんひげじいさん』→楽譜は9ページ　作詞／不詳、作曲／玉山英光

実際に遊んでみました！ 現場からのコメント

顔が隠れている間は、「なになに？」という感じできょとんとしていましたが、「はい○○先生です！」と顔を出すと指さしをして喜んでくれました。

発達がわかる遊びのツボ　集中力を高める

顔の全部がすぐに見えるのではなく、歌の合間に少しずつ見えるということが、子どもの集中力をより高めていきます。

ゆらゆら揺れて～ ふたりでいっしょに♪

保育者のひざの上に子どもをふたり向かい合わせにして乗せ、子ども同士は手をつなぎます。『おふねはぎっちらこ』などの歌に合わせて揺れて、子ども同士のスキンシップを楽しみます。子どもの位置を入れ替えて繰り返しましょう。

実際に遊んでみました！ 現場からのコメント

ひざの上という不安定な場所なので、落ちないように気をつけました。子どもの位置を入れ替えることで、保育者との顔合わせがどちらともできました。

発達がわかる 遊びのツボ

いっしょに揺れるのが楽しい

子ども同士が向かい合って座り、顔を見合わせながらいっしょに揺れることで「保育者と子ども」「子どもと子ども」の楽しさが味わえます。

何とか登りたいぞ!! GOGO！ 山登り

子どもは自分の力でとび箱の山を登っていきます。保育者は、ひざなどを踏み台にさせてあげるなど、できるだけ手助けをしないで子どもの力で登ってもらいましょう。

準備物＊ とび箱、マット、布団 など

実際に遊んでみました！ 現場からのコメント

楽しくて何度も何度もチャレンジする姿が見られました。やっと登れたときの満面の笑みは、とても誇らしげに見えました。

発達がわかる 遊びのツボ

登りたい意欲を大切に

子どもは前に山があると、全身を使って登ろうとします。登れなくても足を上げたりぴょこぴょこ跳ねたり…。その登りたいという意欲を大切にしましょう。

今月のふりかえり

実際に遊んでわかった! 保育者の学びの目と芽

4・5歳児

151ページ **タッチラグビー** より

可能性があるからこそあきらめない

クラス内での関係性が深まり、集団ゲームが盛り上がる時期になりました。我々保育者は、ゲームを通して仲間意識やあきらめない気持ちを持ってほしいと願います。ですが、体力や体格差だけで勝敗が決まり、どうがんばっても勝てない勝負ばかりだとどうなるでしょう? 敗因を仲間のせいにしたり、チャレンジよりあきらめを促したりすることになるかもしれません。そこで、『タッチラグビー』のような**体力だけではできないルール**、149ページ『たこ焼き返し』のような**どちらにも勝つ可能性がある勝負**、150ページ『玉取りリレー』のような**勝敗はわからないけど仲間とつながりを感じられるような遊び**にすると、勝ち負けの経験だけではなく、**チャレンジと力発揮も楽しむことができる**のではないかと思います。

2・3歳児

153ページ **トンネルさんとくぐる人** より

均等や平等を気にすると、本当の姿に気づけない

初めは「♪トンネルさんとくぐる人」を歌う前に、「ふたり組になる」というルールを入れていました。それは、ふたり組になったほうがトンネルもくぐる人も同じ人数になり、平等にできると考えたからです。しかし、いざやってみると「だれとふたり組になるか」にこだわる思いが強く、遊びが滞ってしまいました。そこで、遊びの中でどちらになるか選ぶようにしたところ、楽しく遊べました。そして、**人数に差があっても遊びが成り立ち**、また、いろいろな形のトンネルがしぜんと出てきました。155ページ『ふたりでよけて、鬼ごっこ』のように人数が決まっていて進行と安全が成り立つ遊びもあれば、このように**人数にこだわらなくてもよい遊び**もあることに気がつきました。

0・1歳児

156ページ **たまご? たまご!** より

たまご=ヒヨコではなく、ほかの生き物もいる!

この年齢の子どもには、たまご=ヒヨコという認識は少ないと思います。今回紹介した遊びには、すべてたまごから孵化する身近な生き物を入れています。ですから、遊びの中で、保育者が「このたまごから生まれてくるのはどんな動物かな?」と質問すれば、子どもたちから「ヒヨコ!」だけではなく「カエル!」や「ヘビ!」などの答えがしぜんに出てくればいいな、と思っています。そして、大人の固定概念を子どもに伝えるのではなく、**いろいろなことを考える力や、柔軟な物事の考え方ができる子どもに育ってほしい**と願っています。

ちょこっと解説

遊びのこと子どものこと

1 奥深い、鬼遊びの意義

鬼遊びは、心肺機能を高めるとともに、子ども自身が判断力や敏捷性《びんしょうせい》を駆使して、鬼との距離の保ち方をはかったり、あえて鬼に近づくことにチャレンジしたり、まさにその子らしく生きることに向き合っているといってよいでしょう。逃げるときの恐怖感は、そのうち〝ワクワク感〟や〝ドキドキ感〟に変容します。その変化はどこからくるのでしょう？　また、日ごろの友達関係で弱い立場にあっても、捕まえる役割を担うと、使命感や正義感のようなものが生まれ出て、追いかけるのはどうしてでしょう？　不思議ですね。人間社会はルールを守ることで成り立ちます。それをあれこれ言い聞かせて教えるよりも、鬼遊びを繰り返すと、しぜんと我が物にしていくようです。子どもたちの遊ぶようすを見ていると、そう実感します。

2 「見る」ことで気持ちに変化？

149ページ『たこ焼き返し』の「たこ焼き」の姿勢からの対決は、勝負が白熱します。その〝熱戦〟の果てに負けてしまって、悔しさからトラブルになる可能性も低くはありません。そこで、この遊びをふたりひと組ではなく、審判という役割を加えて、3人ひと組にするアイディアにしました。審判役の子どもは、白熱するふたりの姿を眺めながら、何を感じるでしょうか？　自分が審判としてジャッジしたことから悔しがる友達の姿を見て、何を感じるでしょうか？　「悔しさの共感」「勝負の厳しさ」などいろいろな思いを味わいます。その結果、自分が勝負に負けたとき、悔しさを味わうとともに、これは勝負の結果だ、と割り切ろうとする気持ちがわき出てくれることを願うのですが、みなさんはどう思いますか？

3 自分で選ぶほうが楽しく、スッキリした展開に

ゲームをするとき、どうしてもスッキリした展開になるように心がけてしまいます。そうしないと、アクシデントやトラブルが発生してゲームが成り立たなくなるからです。153ページ『トンネルさんとくぐる人』の場合、ふつう「トンネル」と「くぐる子ども」の役割を決めておこうと考えるものです。4・5歳児なら決めておくほうがスッキリした展開になるかもしれません。しかし、2・3歳児の場合、役割を決められるとそのことが気になって、動きを楽しめなくなりました。簡単なメロディーに合わせて動き、選択を子どもに任せるほうが、かえってスムーズに展開できるということがわかりました。単純な動きの選択は、年齢が低い場合、子どもに任せるほうが子どもは理解しやすく、保育としてもずっと有意義になることをほかの生活場面でも応用ができるかもしれません。一考ください。

3月の箱

4・5歳児	ちょこっとあそび	P.162
	じっくりあそび	P.164
2・3歳児	ちょこっとあそび	P.166
	じっくりあそび	P.168
1歳児	おまかせ！なんでもあそび	P.170
0歳児	おまかせ！なんでもあそび	P.172
ふりかえり	実際に遊んでわかった！保育者の学びの目と芽	P.174
ちょこっと解説	遊びのこと子どものこと	P.175

今月は、2・3歳児、1歳児、0歳児は、卒園する5歳児さんと楽しめる遊びも紹介します。

ちょこっとあそび

4・5歳児

サポート付き「エイヤー！」

後ろには、仲間がいるよ！

1

3人組になって手をつないで円になり「♪いろはにコンペートー」とうたいながらギャロップでまわります。

2

「エイヤー！」でストップして、3人で手をつないだまま引っ張り合い＆押し合いをします。足が動いたらアウト。

※初めは全体で一斉にスタートし、「10秒間」と区切ったほうがわかりやすいでしょう。

「♪いろはに〜」から繰り返す。

3

次は6人組になり、3人組の後ろにひとりずつ付いて、肩を持ち、同じようにギャロップします。「エイヤー！」で、後ろの3人はサポートします。

引っ張り役と支え役を交替し、繰り返す。

実際に遊んでみました！ 現場からのコメント

前後でペアになって支え合うことで、ひとりで行なうときよりも長い時間踏ん張ることができていました。合計6人という人数が、ちょうどいいように感じました。

発達がわかる 遊びのツボ　ウキウキ＆真剣勝負で関係性をはぐくむ

手をつないでウキウキした気持ちでギャロップし、「エイヤー！」で真剣勝負、と動きにめりはりを付けて交互に繰り返します。「ウキウキ」も「真剣勝負」も、どちらも子ども同士の関係性をはぐくむうえで大切な要素になります。

詳しくは174ページへ！

4人でトントングー・パー

いっしょだ、ギュー！ あれ？ エーン！

1

4人組になり、円形になって手をつなぎ「トントン」でその場でジャンプし、「グー」（しゃがむ）または「パー」（両手両足を広げて立つ）のポーズをします。

2

同じポーズ同士（2対2か、4人同じ）は「ギュー」でハグし、3対1なら、3人が「ギュー」で、ひとりの子は「エーン」と泣きまねします。

「トントン…」から繰り返す。

実際に遊んでみました！ 現場からのコメント

初めはタイミングがずれたり、ポーズを合わそうとしてしまったりと、少しギクシャクしていました。しかし、一定のリズムで繰り返すうちにタイミングも合い、ポーズもはっきりと出せるようになり、その後のリアクションも楽しんでいました。

発達がわかる 遊びのツボ 自分たちのタイミングで

「トントン」の後にポーズをして、「ギュー」か「エーン」。このリズムが何より楽しさの秘訣です。リズムがあることで、自分たちのタイミングで進めていくことができます。

じっくりあそび

4・5歳児

タンデム競走

落ちそうだけど、がんばって！

3人ひと組になり、ふたりは並んでウマになります。ひとりは腹ばいで乗ります。一定の距離（6～8ｍ）をウマで動き、上の子どもを落とさずにゴールを目ざします。落ちた回数の少ないチームが勝ち。制限時間を設けて、進んだ距離や落ちた回数を競ってもいいでしょう。

せーの！
1.2.
1.2
おちた〜
ゴール！
2かいおちた
だけ〜

メンバーを変えて繰り返す。

＼おちる〜／

実際に遊んでみました！ 現場からのコメント

ウマになったふたりの速さがバラバラだと、上に乗っている子がよく落ちてしまいますが、何度か行なううちにウマ同士が「1、2、1、2…」と声を合わせる姿が見られました。

発達がわかる 遊びのツボ

初めは一定の距離で

初めは速さを競うのではなく、一定の距離で、落としてしまった回数の少なさを競い合うことが大切です。いかに落とさないかを経験した後に、速さを競うことがおもしろさにつながります。

はやく手をつないで入ろう！
ふたりで手つなぎフープ鬼

準備物 ＊**フープ**（ペア数全体の2／3くらいの数）
・フープをランダムに置く。

1

フープの中にふたりずつ入って座ります。フープに入っていない子どもたちは、走りながらペアになる子を探し、ペアになったらフープの中の子どもに「おじゃまします」と言って入ります。中のふたりは「いってきます」で出て行き、新しいペアを探します。

フープから出たふたりはバラバラになる（ただし入るときは必ずだれかとペアになる）。

2

繰り返して、フープに「入る・出る」を理解したら、次は保育者が鬼役になり、フープの外にいる子どもを追いかけます（捕まえない）。

実際に遊んでみました！ 現場からのコメント

初めはフープを出てからもふたり組のままで逃げるルールにしていましたが、鬼から逃げることに必死になり、手を離してしまう姿が多かったので、逃げるときはバラバラになるようにしました。そのほうがめりはりがあり、楽しめていました。

発達がわかる 遊びのツボ

調整と繰り返しが大切

場所の広さと、全体の人数によって、フープの数を調節することが大切です。また、鬼の登場は、ふたりで「入る・出る」を十分に繰り返してからにしましょう。

ちょこっとあそび 2・3歳児

5歳児と遊ぼう!

GO&STOPウマ乗り

おにいさん、おねえさんのおウマにドキドキ

1

並足の曲(『お馬の親子』など)に合わせて5歳児はウマになって動き、2・3歳児は歩きます。

2

保育者の「ストップ」の合図で5歳児はその場で止まり、2・3歳児が5歳児の背中に乗ります。全員乗れたら駆け足の曲(『草競馬』など)に合わせて、5歳児が2・3歳児を乗せたままゆっくり動きます。

ある程度動いたらストップして、①から繰り返す。

実際に遊んでみました! 現場からのコメント

2・3歳児たちは、どのウマに乗ろうかと迷ったり、意外とサッと乗ったりと、さまざまでした。5歳児たちも「こっちおいで～、乗っていいよ～」と声をかけていて、頼もしい姿が見られました。

発達がわかる 遊びのツボ リズムに合わせて

動き(GO)の部分が2段階(それぞれで動く、5歳児が2・3歳児を乗せて動く)になっています。それぞれの動きに合った曲にすることで、動きがわかりやすくなり、みんなで楽しめます。

自分たちはどっちかな？

赤白上げて、はいどうぞ

準備物 ＊**玉入れの玉**（赤・白ひとつずつ）
・2チームに分かれ、帽子などで色分けする。

1

赤チームと白チームに分かれて向かい合って座ります。保育者が「赤上げて」と言って赤玉を手に持って上げると、赤チームの子どもたちは「はいどうぞ！」と言って立ちます。「白上げて」で白チームも立ちます。

2

赤も白も立ったら保育者が「ありがとう」と言い、子どもたちは座ります。動きが理解できたら、テンポを速くして繰り返します。

実際に遊んでみました！ 現場からのコメント

「はいどうぞ」「ありがとう」のテンポと掛け合いが楽しめました。この遊びを導入にして、次に2チーム対抗のゲームをすると、自分のチームがはっきりとわかり、スムーズに遊べました。

発達がわかる 遊びのツボ **リズムと動きを楽しむ**

赤、白、赤、白と同じパターンで繰り返し、リズムと動きを楽しむことが大切です。フェイントは必要ありません。この活動が、ふたつのチームに分かれたときなどに、子どもたちの所属意識を促すことに役だちます。

じっくりあそび
2・3歳児

5歳児と遊ぼう!

おにいさん、おねえさんたちと力を合わせて
ちびっこレスキュー

5歳児は2チームに分かれ、5歳児の1チームはあおむけになります。もう1チームの5歳児たちは、2・3歳児の子どもたちと2〜3人組で、ひとりを引っ張ります。全員をラインまで引っ張れたら交替し、繰り返します。

いこう!
そっち もってね!
うん
いくぞー
もうひとり きてー!

実際に遊んでみました! 現場からのコメント

2・3歳児たちは、体の大きい5歳児の友達を引っ張ることは想像がつかないようすでしたが、5歳児といっしょに引っ張ることで安心した表情に変わり、遊び方がわかると、とても楽しそうに引っ張っていました。

詳しくは174ページへ!

発達がわかる遊びのツボ 引っ張る感覚を楽しむ

5歳児と力を合わせることで、2・3歳児でも体の大きい5歳児を引っ張ることができます。2・3歳児はそれほど力を発揮しなくても、ある程度5歳児が引っ張ってくれるので、2・3歳児は引っ張る感覚そのものを楽しむことができます。

どこにあるかわかるかな?

宝物見ーつけた!

準備物 ＊ **マット3枚、玉入れの玉**(赤・白それぞれ数個)
・それぞれのマットを離して置く。

中央のマットの下に赤と白の玉入れの玉をそれぞれ複数個隠し、保育者はその上でうつぶせになります。子どもたちは、玉を取りに行き、赤・白それぞれのマットに持って帰ります。

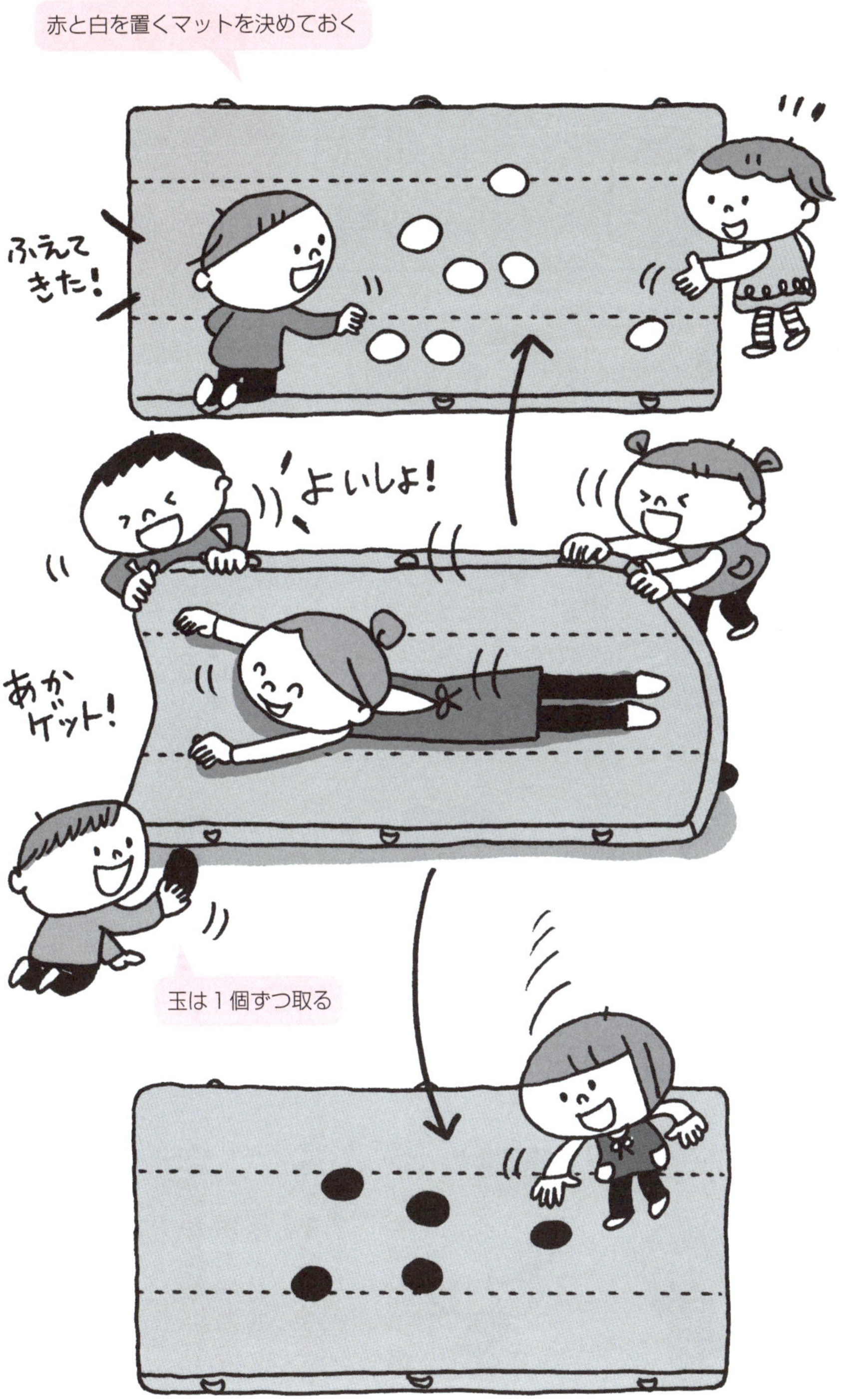
赤と白を置くマットを決めておく
ふえてきた!
よいしょ!
あかゲット!
玉は1個ずつ取る

あかはこっち

実際に遊んでみました! 現場からのコメント

初めは保育者はマットに乗らずに行ないましたが、やはり子どもたちは物足りないようすだったので、保育者がガードするようにしました。

がんばって取ろうとする子どもたちと、ガードする保育者とで互いに楽しめました。

発達がわかる 遊びのツボ

達成感を味わう

保育者は、ガードしながらも、程よく取らせるようにします。簡単に取れると物足りないし、ぜんぜん取れないのもおもしろくなくなります。「少しがんばって取れた!」という達成感を存分に味わえるようにしましょう。

おまかせ！なんでもあそび 1歳児

不思議なトンネル

出る出るトンネル

保育者はペーパー芯を下から入れ、上から引き出して見せます。紙コップの切り込みがペーパー芯を程よい力で止めてくれるので、引っ張る楽しさがあります。子どもにも引っ張ってもらいましょう。

準備物 ＊ペーパー芯数本、紙コップ2個、セロハンテープ

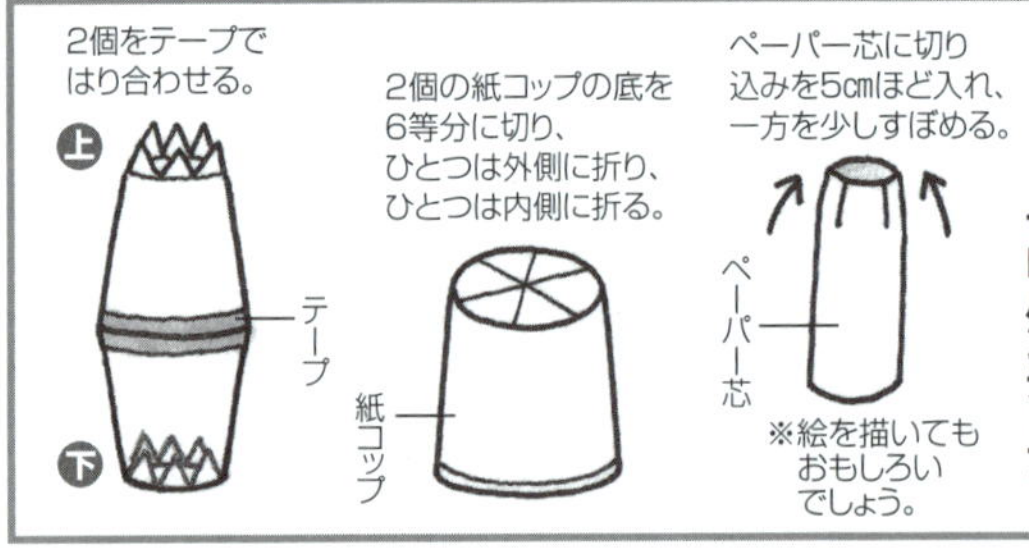

2個をテープではり合わせる。
上
下
テープ
2個の紙コップの底を6等分に切り、ひとつは外側に折り、ひとつは内側に折る。
紙コップ
ペーパー芯に切り込みを5cmほど入れ、一方を少しすぼめる。
ペーパー芯
※絵を描いてもおもしろいでしょう。

発達がわかる 遊びのツボ 見て理解し、遊びを広げる

子どもたちは、実際に保育者が遊んでいるようすを見ることで、遊び方を理解していきます。自分でペーパー芯を持つことで、さらに遊びを広げていけるでしょう。

でた！

実際に遊んでみました！

現場からのコメント

初めに保育者が遊んでみせると、「やりたい」と興味を持ったようでした。

入れる方向が難しかったようで迷っていましたが、繰り返すうちにコツをつかんで、自分で手に持って遊べるようになりました。

歌あそび

みんなでいっしょに楽しもう！

先生とグーグーグー

『せんせいとお友だち』に合わせて動きを楽しみます。

①♪せんせいと
②♪おともだち

その場で足踏み。

両足ジャンプをしながらグーグーグーの動き。

グーグーグー

③♪せんせいとおともだち
①②を繰り返す。
④♪あくしゅをしよう
その場で足踏み。
⑤♪ギュ ギュ ギュ
グー

両足ジャンプをしながらグーグーグーの動き。

※「グーグーグー」を「グーグーパー」にしても楽しいでしょう。

発達がわかる 遊びのツボ 初めはゆっくりと

子どもの動きに歌のスピードを合わせるようにしましょう。繰り返し遊んで内容を理解したら、だんだんテンポを速くしても楽しめます。

実際に遊んでみました！

現場からのコメント

動きをする前に、子どもたちと歌ってから遊び始めました。足の動きは単純なので、保育者を見ながらまねして楽しんでいました。

動きがテンポよく変わっていくので、合わせて動くのが難しい子もいましたが、ゆっくり進めるとまねできていました。

『せんせいとお友だち』作詞／吉岡 治 作曲／越部信義

C G7 C
せん せ いと お と も だち せん せ いと お と も だち
C C7 F G7 C
あ くしゅ を し よ う ギュ ギュ ギュ

歌あそび

見慣れた顔が違う顔に…

みんなだるまさん

『だるまさん』に合わせて遊びます。

へんなかお！

♪だるまさん～ わらうとまけよ

向かい合わせに座り、手拍子をする。

ぷ！

♪ぷ

思い切りおかしな顔をする。

♪あっぷっ

顔を隠す。

発達がわかる 遊びのツボ

違う表情がおもしろい

今まで顔を合わせていた保育者や友達が、次の瞬間違う表情になっているのがおもしろい遊びです。繰り返し遊ぶごとにおもしろみがどんどん増していきます。

実際に遊んでみました！ 現場からのコメント

思い切り変な顔をして見せてくれる子どもや、保育者の表情を見て笑い転げる子もいました。子ども同士でも、保育者の声に合わせて遊ぶことができました。

『だるまさん』 わらべうた

だ る まさん だ る まさん に らめっ こ し ましょ
わ らう と ま けよ あっ ぷっ ぷ

5歳児と遊ぼう！

これまでの経験を生かして！

卒園児サーキット

準備物＊マット、フープ、大型積み木

5歳児が1歳児といっしょにサーキットで遊びます。

いくぞー！

どうぞ

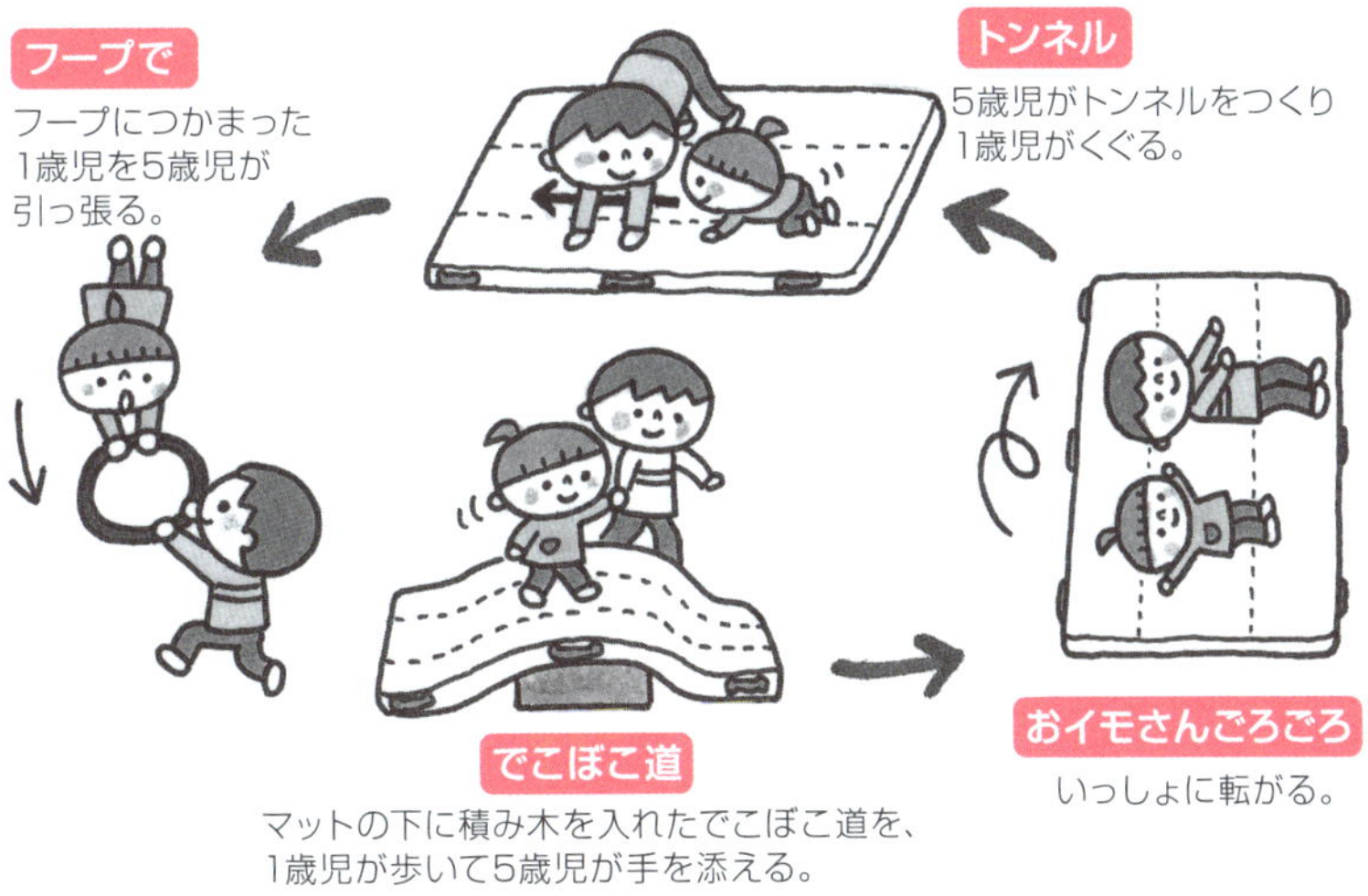
トンネル
5歳児がトンネルをつくり1歳児がくぐる。
フープで
フープにつかまった1歳児を5歳児が引っ張る。
でこぼこ道
マットの下に積み木を入れたでこぼこ道を、1歳児が歩いて5歳児が手を添える。
おイモさんごろごろ
いっしょに転がる。

実際に遊んでみました！ 現場からのコメント

初めはとまどい、見ているだけの子もいましたが、友達が楽しそうにしている姿を見て、参加できるようになった子もいました。5歳児が「おいで～」と手招きしてくれると、1歳児たちはうれしそうにしていました。

発達がわかる 遊びのツボ

日ごろの遊びをアレンジ

5歳児がいっしょに遊んでくれるというだけで、この年齢の子どもたちは喜びます。新しい遊びにチャレンジするよりも、日ごろから遊んでいる内容をアレンジすることが大切です。

★詳しくは174ページへ！

おまかせ！なんでもあそび 0歳児

5歳児と遊ぼう！

大きなぽっとん落とし

じょうずに入れてね

準備物＊パフリングやお手玉など

5歳児が両手で輪をつくり、そこに0歳児がパフリングやお手玉を通して落とします。5歳児は次々に移動し、0歳児も拾ってどんどん通していきます。

こっちも
あるよー

発達がわかる遊びのツボ　チャレンジする意欲

何度も繰り返すことを楽しめる子どもたち。5歳児がつくる輪があっちにもこっちにも移動するので、チャレンジする気持ちがわいてくるようです。

実際に遊んでみました！　現場からのコメント

一定の場所ではなく、5歳児が移動することで、0歳児の子どももしぜんと体が動きだし、追いかけてどんどん腕の中に通す姿が見られました。

歌あそび　5歳児と遊ぼう！

おいしく焼けるかな？

裏も表もしっかり焼こう！

『せんべせんべ』に合わせて、5歳児主導で手遊びを楽しみます。0歳児は、両手のひらを下に向けて出し、5歳児が歌いながら順に手を指していき、最後の「た」に当たった手は裏返します。

♪た
裏返す

すべて裏返るまで繰り返す。

発達がわかる遊びのツボ　異年齢交流の導入に

おにいさん、おねえさんたちとゆっくりかかわることで、どんどん安心感が増していきます。異年齢交流をする前の導入として遊ぶといいですね。

実際に遊んでみました！　現場からのコメント

保育者がするときより、笑顔が多く見られ、表情も和やかな気がしました。5歳児は歌のスピードを考えて遅くするなどの配慮も見られました。

『せんべせんべ』　わらべうた

せんべせんべ　やけた　どのせんべ　やけた　このせんべ　やけた

5歳児と遊ぼう！

いっしょならだいじょうぶ！

トンネルくぐろう

5歳児がふたり組になってトンネルを作ります（半分くらいの人数）。そのほかの5歳児は0歳児と手をつないで、いっしょにトンネルをくぐってあげます。トンネルと手をつなぐ子どもを交替しながら繰り返しましょう。

実際に遊んでみました！ 現場からのコメント

初めは、くぐることにとまどいがあったようでしたが、5歳児が優しく手を引っ張ってくれることで、安心してトンネルをくぐっていました。

5歳児は、不安がっている0歳児とどういっしょにくぐろうか、力加減をうまく考えて優しくリードしていました。

発達がわかる 遊びのツボ

安心感と達成感

トンネルという少し不安な場所を、おにいさん、おねえさんといっしょに通ってもらうことで、安心感とくぐった達成感が芽生えます。

5歳児と遊ぼう！

〜どこまでも飛んでいけ〜

空飛ぶじゅうたん

準備物＊**マット、縄**

・マットの持ち手に縄を結ぶ。

マットの上に0歳児を2〜3人乗せ、5歳児数人で縄を持って、引っ張ります。マットの上の子どもたちが楽しめるスピードにしましょう。

実際に遊んでみました！ 現場からのコメント

人数は、0歳児2〜3人に5歳児4人くらいで十分でした。0歳児は、マットが出てきた瞬間からうれしくて寝転がっていたので、そのまま遊びを始めました。

発達がわかる 遊びのツボ

バランスを取る

おにいさん、おねえさんたちが力強く引っ張ってくれるので、0歳児もマットから落ちないように自分たちでもバランスを取ります。楽しいと「もっとやって」と催促もするようになります。

今月のふりかえり

実際に遊んでわかった！ 保育者の学びの目と芽

4・5歳児

162ページ サポート付き「エイヤー！」より

微妙な力加減がおもしろい

内側の3人は手をつないだまま引っ張ったり、押し合ったりします。これは、力比べをしているようで力合わせをしているような、複雑な力の出し方になります。後ろから支えているサポート役の3人も、状況によって押すのか引くのかを判断し、微妙な力加減が必要です。**自己発揮と自己抑制を瞬時に判断し、力と心の調整力を養っているかのようでした。**

2・3歳児

168ページ ちびっこレスキューより

動きを通して学び合う子どもたち

5歳児を引っ張ろうとするとき、2・3歳児は引っ張っているつもりでも、実際には5歳児を動かすほどの力は出ていません。そのことを5歳児たちも何となく感じ取りながら、いっしょに引っ張ることを楽しみます。一方2・3歳児は、5歳児のおにいさん、おねえさんが引っ張ってくれるので、引っ張るという動作がわかり、楽しくなってきます。**言葉はなくても、友達を介して伝わってくる力によって、互いを理解し、学び合っていることがよくわかりました。**

0・1歳児

171ページ 卒園児サーキットより

日々の積み重ねと環境づくりの大切さ

ふだんのサーキットでは、目標とするもの（例えばマットのお山、トンネル　など）を目ざして進んで行ったり、ひとつの遊びを気に入って、同じ所ばかりを繰り返したりする子どももいると思います。そこで、卒園児とのかかわりを入れると、気持ちが卒園児のおにいさん、おねえさんと遊ぶことに向き、いつものサーキットに「ふれあい」の要素がプラスされます。日ごろから遊んでいる経験を生かせるような、楽しく体を動かして遊べる保育環境が整えば、**楽しみながら卒園児たちとふれあう機会になるでしょう。**

ちょこっと解説

遊びのこと子どものこと

1 保育者主導の活動は「遊び」ではない!?

本書に掲載されている内容は、本来の子どもの「遊び」とは違います。子ども自身の発想で展開され、どんどん中身が変容していくのが「遊び」だとすると、本書の内容は、保育者主導で子どもたちに提案し、展開していくものです。〝保育の王道〟ではないという批判もあります。しかし、活動内容や展開の方法しだいで、子どもは生き生きと取り組んで、愉悦《ゆえつ》感を味わう姿を私たちは見ています。「せんせい、たのしかった、ありがとう」という言葉が子どもたちのキラリと光る汗とともにこぼれることもありました。保育者主導でも、子どもにはそれを自分の中に取り込んで楽しむ力が備わっているのだと思いますが、みなさんは、どう思われますか?

2 遊び心を発揮して子どもたちの傾向を理解

私たちが遊びの内容を考えるとき、まず「思いつき」を試します。その際、子どもたちが意にそぐわない動きをしたとしても、子どものせいにするのではなく、保育者の提案内容や伝え方が悪いと受け止めて〝出直し〟することが基本です。子どもたちと向き合って失敗を繰り返すことで、「思いつき力」は鍛えられ、子どもの興味の傾向やルール理解のしかたもわかってきます。これは、ある意味で保育者の〝子ども理解〟であり、遊び心の習得過程であり、もっと大げさにいえば、子どもへの愛情表現のひとつの形だとも思います。こうした中で、子どもたちと保育者の関係性も良好になり、結果的にふだんの生活場面においても、子どものよき理解者になる、と私たちは実感しています。

3 短時間の定番活動を続ける意義

ある園の2歳児クラスでは、ふたり組になってする遊びを、4月から毎日決まった時間(昼食準備の時間)に、決まった場所(保育室前の廊下部分)で5分程度実践していました。ふたり組になれない子がいても、見ているだけでよい、その場にいることでよい、と決めていました。すると、9月の運動会前には24人のクラス全員が、だれとでもすぐにふたり組になれて、活動を楽しめるようになっていました。同じパターンの動きを3か月間、継続した賜物《たまもの》でしょう。運動会の種目は、3歳児でも困難だと思われる、ふたりひと組でボールを入れ替える内容でしたが、どのペアもルールどおりにやり切ることができました。毎日、短時間だけ、気負わず、実践し続けることの意義が感じられました。

【監修・編著】

片山　喜章（かたやま よしのり）

株式会社ウエルネス　会長
社会福祉法人種の会　理事長
はっと保育園（神戸市）園長
神戸常盤大学　講師

【著者】

徳畑　等（大阪・なな保育園）
東　洋一郎（神奈川・宮崎保育園）
小倉　和人（KOBEこどものあそび研究所）
藤本　裕美（大阪・なな保育園）

【実践】遊びっくり箱プロジェクトチーム

伊藤　衣里・横田　英一（兵庫・なかはら保育園）
徳畑　等・藤本　裕美（大阪・なな保育園）
小阪　好美・原　康大（兵庫・はっと保育園）
上坂　綾子・東　洋一郎（神奈川・宮崎保育園）
郷原　廉菜・森田　有琴（神奈川・もみの木台保育園）
小倉　和人（KOBEこどものあそび研究所）

STAFF

本文イラスト：常永美弥・みやれいこ・菊地清美
本文レイアウト・編集協力：株式会社どりむ社
企画編集：橋本啓子・安藤憲志
校正：堀田浩之

※本書は、月刊「保育とカリキュラム」2012年4月号～2013年3月号までの連載「遊びっくり箱✚(プラス)」をベースに編集し、単行本化したものです。

保カリBOOKS㉔

現場発！ 0～5歳児　遊びっくり箱

2013年4月　初版発行　　2013年7月　2版発行
監修・編著者　片山喜章
著者　徳畑　等・東　洋一郎・小倉和人・藤本裕美
発行人　岡本　健
発行所　ひかりのくに株式会社
〒543-0001　大阪市天王寺区上本町3-2-14
TEL06-6768-1155　郵便振替00920-2-118855
〒175-0082　東京都板橋区高島平6-1-1
TEL03-3979-3112　郵便振替00150-0-30666
ホームページアドレス　http://www.hikarinokuni.co.jp
印刷所　大日本印刷株式会社

JASRAC　出1303294-302
Printed in Japan
ISBN978-4-564-60824-7
NDC376　176P　26×21cm